纪念大葆台汉墓发掘40年

《大葆台汉墓文物》编辑委员会

大葆台汉墓文物

Cultural Relics from the Dabaotai Western Han Mausoleum

北京市大葆台西汉墓博物馆 编

文物出版社

责任编辑：张晓曦
责任印制：张道奇

图书在版编目（CIP）数据

大葆台汉墓文物/北京市大葆台西汉墓博物馆编.
-北京：文物出版社，2015.6
ISBN 978-7-5010-4331-6

Ⅰ．①大… Ⅱ．①北… Ⅲ．①汉墓－出土文物
－介绍－丰台区－西汉时代 Ⅳ．①K878.8

中国版本图书馆CIP数据核字(2015)第140719号

大葆台汉墓文物

编　　者　北京市大葆台西汉墓博物馆
出版发行　文物出版社
地　　址　北京市东直门内北小街2号楼
邮　　编　100007
网　　址　http://www.wenwu.com
邮　　箱　E-mail：web@wenwu.com
制版印刷　北京荣宝燕泰印务有限公司
经　　销　新华书店
开　　本　889×1194　1/16
印　　张　9.5
版　　次　2015年6月第1版
印　　次　2015年6月第1次印刷
书　　号　ISBN 978-7-5010-4331-6
定　　价　180.00元

序

王子今

北京是从元代开始成为全国政治、经济、文化中心的。但是这里自三代起，已经是中原北部地方的文明重心所在。自红山文化的重要考古发现面世之后，这一地区作为联系不同文明的交往关键的地位亦有目共睹。《汉书》卷二八下《地理志下》载："燕地，尾、箕分野也。武王定殷，封召公于燕，其后三十六世与六国俱称王。东有渔阳、右北平、辽西，辽东，西有上谷、代郡、雁门，南得涿郡之易、容城、范阳、北新城、故安、涿县、良乡、新昌，及勃海之安次，皆燕分也。乐浪、玄菟，亦宜属焉。"广义的燕地，包括战国时期燕国控制的地区，相当于西汉幽州刺史部的主要地方。其重心地带，即以蓟（今北京）为中心的广阳。这一地区有比较特殊的地位。

秦汉时期，驰道"濒海之观毕至"[1]。沿海滨建设的交通大道，由秦始皇、秦二世、汉武帝出巡路线的选择，可推知其交通等级具备可以通过帝王车舆的规模。这条道路，可以据秦汉帝王"并海"巡行的史籍记录，称为"并海道"[2]。据《三国志》卷一《魏书·武帝纪》，"并海道"在东汉末年曾经称作"傍海道"。当时沿长城防线，也曾经有一条具有战略意义的交通道路"北边道"。秦汉长城防御体系由北边道连贯为一体。史籍中可以看到中央政府派员沿这条道路巡行北部边防的记载。历史文献关于秦汉时代"北边道"通行状况的最明确的说明，亦见于关于帝王亲自循北边巡行的记录。在这一交通体系中，燕地处于关键位置，正如《汉书》卷二八下《地理志下》所载，"东有渔阳、右北平、辽西，辽东，西有上谷、代郡、雁门"，"乐浪、玄菟，亦宜属焉"。

秦汉时期的"并海道"和"北边道"，都曾经是具有重要战略地位的交通干线。正处于这两条重要道路之交叉点上的汉代燕地，其交通形势犹如一个"━"字形结构的中心[3]。因为农耕经济区与畜牧经济区之间关市贸易的活跃[4]，以及中原民族与草原民族相互文化交往的密切，这里又可以看作"十"形交通格局的中心。渔阳郡王莽更改地名时称作"通路"[5]，可能与此有关。

观察燕地形势，也可以注意到这里正处于西汉"北边"区、"濒海"区以及三晋文化区三个文化区域的交接处。燕地，于是成为具有不同区域风格的"北边"区、"濒海"区以及三晋文化区之间的文化枢纽。西汉王朝最高执政集团十分重视对燕地的控制。经汉景帝削藩的政治努力，实现了"燕、代无北边郡"，而"诸侯稍微"，具有重要资源的地方"咸纳于汉"的局面[6]。周振鹤讨论"燕国沿革"时

[1] 《汉书》卷五一《贾山传》。

[2] 王子今：《秦汉时代的并海道》，《中国历史地理论丛》1988年第2辑。

[3] 王子今：《汉代燕地的文化坐标》，《汉代文明国际学术研讨会论文集》，燕山出版社2009年5月版。

[4] 王子今、李禹阶：《汉代北边的"关市"》，《中国边疆史地研究》2007年第3期。

[5] 《汉书》卷二八下《地理志下》。

[6] 《史记》卷一七《汉兴以来诸侯王年表》。

曾经指出："高帝五年臧荼、卢绾相继王燕国，有广阳、上谷、渔阳、右北平、辽东、辽西六郡；十二年更王子建。景帝三年，燕国唯余广阳一郡，其余五边郡属汉。武帝元朔元年燕国除为郡，元狩六年以广阳郡部分地复置燕国封子旦，余地置为涿郡，昭帝间，燕国复除为郡，宣帝本始元年又以此郡部分地置广阳国。"[1]对臧荼、卢绾的镇压，削藩时首先对广阳、上谷、渔阳、右北平等"边郡"行政权的回收，以及后来燕剌王刘旦自杀，国除为广阳郡等历史过程，都表明中央政权对燕地战略地位的看重。当时的燕地，就如同西汉帝国最高执政者榻席东北一隅的"镇"[2]。

1974－1975年发掘的大葆台汉墓，正是西汉燕地历史文化的典型性的遗存。大葆台汉墓的考古收获，丰富了我们对西汉区域文化乃至于社会历史的全面认识。

1983年12月1日正式开放的北京大葆台西汉墓博物馆是遗址博物馆。众所周知，曾经历严重盗掘，墓中出土物近千件，数量并不是很多。大葆台主要是以典型的黄肠题凑葬制闻名海内外的。我们知道，许多历史遗存确实不是因珍宝出土量占据重要学术地位的。就古代墓葬而言，这些安葬死者的空间对于考古工作的意义，并不只是在于墓中的随葬品的质量和数量。墓葬形制、葬式等看来并不直接可以用市场价值评判的遗迹现象，其实都包涵有非常重要的历史文化信息。大葆台汉墓首先就是以具有代表性的墓葬形制享有盛名的。不过，如果我们忽略了大葆台汉墓的文物遗存的价值，也会导致形成历史学考古学的盲点。

"文物"原来用以通称礼乐典章制度。《左传·桓公二年》："夫德，俭而有度，登降有数，文物以纪之，声明以发之。"《后汉书》卷八九《南匈奴列传》："驰中郎之使，尽法度以临之，制衣裳，备文物。"近世概念，如《现代汉语词典》所谓"文物，历代遗留下来的在文化发展史上有价值的东西，如建筑、碑刻、工具、武器、生活器皿和各种艺术品等"[3]，说明了广义的"文物"一语的内涵。《中华人民共和国文物保护法》界定的"文物"，包括："（一）具有历史、艺术、科学价值的古文化遗址、古墓葬、古建筑、石窟寺和石刻、壁画；（二）与重大历史事件、革命运动或者著名人物有关的以及具有重要纪念意义、教育意义或者史料价值的近代现代重要史迹、实物、代表性建筑；（三）历史上各时代珍贵的艺术品、工艺美术品；（四）历史上各时代重要的文献资料以及具有历史、艺术、科学价值的手稿和图书资料等；（五）反映历史上各时代、各民族社会制度、社会生产、社会生活的代表性实物。"又可区分为"不可移动的文物"和"可移动的文物"。"不可移动的文物"包括"古文化遗址、古墓葬、古建筑、石窟寺、石刻、壁画、近代现代重要史迹和代表性建筑等"。"可移动的文物"包括"历史上各时代重要实物、艺术品、文献、手稿、图书资料、代表性实物等"。虽然大葆台汉墓墓葬建筑本身也属于"不可移动的文物"，但是人们通常所说"文物"，往往取其狭义，指"重要实

[1] 周振鹤：《西汉政区地理》，人民出版社1987年8月版，第64页。

[2] 《说文·金部》："镇，博压也。"段玉裁注："'博'当作'簙'，局戏也。'压'当作'厌'，笮也。谓局戏以此镇压，如今赌钱者之有桩也。未知许意然否。引申之为重也，安也，压也。""簙压"的解释也许不合"许意"。"镇"即镇压坐席的重物。后世边地军政设置称"镇"，或许正是取用镇压坐席的古义。《山海经·海内东经》："钜燕在东北陬。"而汉世燕地控制的意义，正如全国行政布局"东北陬"的"镇"。以坐卧之地作国家政治地图的比喻，其实古已有之。如宋太祖赵匡胤语徐铉谓："不须多言，江南亦何罪？但天下一家，卧榻之侧，岂容他人鼾睡耶！"[宋]岳珂《桯史》卷一《徐铉入聘》。关于汉代的"镇"，孙机已经有深入的研究和确切的说明。见孙机：《汉镇艺术》，《文物》1983年第6期；《坐席镇与博镇》，《文物天地》1989年第6期。他指出："床、榻、枰铺席后，为了避免起身时折卷席角，还要在其四隅置镇。"孙机：《汉代物质文化资料图说》（增订本），上海古籍出版社2008年5月版，第253页。大葆台2号汉墓出土铜质虎形镇，就是值得注意的汉镇实物。

[3] 商务印书馆2002年5月修订第3版增补本，第1319页。

物”、“代表性实物”。正如有的辞书所说，“文物”指“人类文化中所遗留下来具有历史、艺术价值的文化古物。”[1]

《大葆台汉墓文物》一书中所著录的“文物”，正是具有典型特征和重要意义的所谓“文化古物”、“重要实物”、“代表性实物”。

应当注意到，当今文物市场和收藏界人士视野中的“文物”，更注重其“艺术价值”。在注重科学的严肃的历史学者和考古学者的眼界中，当然不是仅仅以“艺术价值”判定文物品级。就增益对历史的知识，深化对历史的理解而言，可能正是“艺术价值”未必很高的文物，更受到学界的青睐。

大葆台汉墓出土文物，正具有这样的品质。

例如，大葆台汉墓出土黑漆衣陶盘、内红外黑漆陶盘、博山式盖黑漆衣陶壶、外施黑衣的陶耳杯等，都是仿漆器的泥质灰陶制品。当时北方上层社会对漆器的看重，由此可以得到体现。口径70厘米的内壁和内底分别饰龙、鱼、鹤组合纹样的“盆形器”，也具有值得重视的特色。

被看做枕的构件的鎏金嵌玉铜龙头，是研究者“参照其他汉墓出土同类器物”得到“复原”判断的。鎏金铜铺首与墓室建筑的组合关系尚不明确。銎内保留有“残柲朽竹”的铜镦，应是积竹柄兵器的残件。但是原器形制和性质，我们已经并不明确。这件出土于一号墓后室的“I式镦”似乎应与出土于一号墓墓道南部车马前端之两侧的铁戟没有直接关系。但是后者“刺前端嵌鎏金铜套”，“刺、枝外均有漆鞘”，“在刺枝相交处装一铜柲，柲中空呈圆形，内装木柄已残”，特别值得注意的是“与戟同出的尚有铜镦1件，形式与前述I式相同”[2]。也许当时兵器这种铜铁组合的形式值得注意。

被称做“错金银八棱铜兵器”者，长48.5厘米，“铁心外包铜，顶和柄端包银”，器柄铁心外嵌一圈金箔，两侧缠以丝绳。通体错铜、银，交错为菱形纹和涡纹。研究者说，“推测此器可能是防身用兵器”。这件文物的用途和名义，应当受到兵器史与秦汉名物研究者的重视。

《汉书》卷二八下《地理志下》：“渔阳郡，秦置。莽曰通路。属幽州。户六万八千八百二，口二十六万四千一百一十六。县十二。”“渔阳郡”12个属县中名列第一的即“渔阳”县：“渔阳，沽水出塞外，东南至泉州入海，行七百五十里。有铁官。”大葆台汉墓出土标志“渔”字的铁斧，是首次发现的证实渔阳铁官的文物证明。其意义对于冶铸史、社会经济史乃至管理史研究之重要性，是不需多作辩说的。据谭其骧《中国历史地图集》，渔阳郡治所在渔阳县，在今北京密云的西南，顺义的西北[3]。

据发掘报告记载，一号墓“黄肠木上，发现残铁刀（D28）一把，可能为盗墓者所遗”，这一信息，应当受到中国古代盗墓现象研究者的注意。

大葆台汉墓出土玉器多有精品。镂空龙凤纹玉璧大体完整。象纹玉璧以南国野生象为图像母体，形态生动。透雕螭虎玉佩和以凤鸟为形象主体的玉觽，都是汉代玉作高端技术的代表。出土于二号墓尸骨头部附近的著名的玉舞人，被看作西汉晚期玉器的典型作品，研究者以为“造型比中期更为优美”[4]。

---

[1] 《大辞典》，三民书局1985年8月版，第1957页。

[2] 大葆台汉墓发掘组：《北京大葆台汉墓》，文物出版社1989年12月版，第44–45页。

[3] 谭其骧主编：《中国历史地图集》，地图出版社1982年10月版，第27–28页。

[4] 刘庆柱、白云翔主编：《中国考古学·秦汉卷》，中国社会科学出版社2010年7月版，第730页。

朱书“黄熊栀袦（神）”漆床及“樵中格吴子孟”[1]竹简，已经引起学界重视。释读意见的分歧可能还会存在[2]，也许这部图录的面世，将会激起更多学者的兴趣，深化有关研究。有人以为“漆缅纱冠”的文物残件，出土于一号墓中棺盖板上的木质涂漆手杖，一号墓出土的铁质“扣形器”[3]等，也许都会通过进一步的研究，其实用意义得以明朗。前说“玉舞人”，上下各有孔，其使用形态的复原，也是富有趣味性的工作。出土于封土中直径4厘米的“夹砂绳纹红陶饼”、直径8.4厘米的“夹砂弦纹红陶饼”均圆形，中有圆孔，其用途也值得研究者深思。

《大葆台汉墓文物》对于一号墓北侧外回廊出土高84、口径50厘米的圜底陶瓮的介绍，说到“出土时瓮内放有猫、兔等兽骨多块”。这是非常有意思的信息，有助于我们认识“猫”进入社会生活的早期状况[4]。出土于一号墓东侧外回廊北端的豹骨，或许也可以反映高层贵族日常生活中人与动物的特殊关系。豹作为墓主宠物的可能性是存在的。思考这一问题具有参照意义之信息的相关发现，有西汉薄太后南陵从葬坑出土犀牛和熊猫骨骼，以及汉昭帝平陵从葬坑出土骆驼和驴的骨骼[5]。馆藏文物图录的编集，没有舍弃这种有些人可能并不看作“文物”的历史遗存，是值得肯定的。

这部《大葆台汉墓文物》的编辑出版，是很有意义的学术贡献。其实，学界同人都知道，北京大葆台西汉墓博物馆对秦汉史和秦汉考古研究的学术繁荣数年来做过很多努力。他们与各地考古部门及博物馆学界朋友保持着密切的工作联系，学术交流频繁。他们筹划组织并成功召开了高水准的汉代文明国际学术研讨会，出版了具有较高质量的学术论文集[6]。他们还编辑出版了多种对于研究者可以提供多种方便和重要启示的学术书籍[7]。他们与高校历史学科的紧密合作与相互促进，也许可以看作中国博物馆系统相关工作的成功典范。北京大葆台西汉墓博物馆的朋友也成为北京地区汉代城址考古调查的先行者[8]。北京大葆台西汉墓博物馆多年来已是首都各高校历史学科中国古代史课程实际上的教学基地。相信《大葆台汉墓文物》的面世，不仅可以使学界和社会上关心汉代历史文化的人们更多地了解大葆台汉墓，并且促进新的研究工作取得收获，同时也可以成为北京大葆台西汉墓博物馆学术进步的一个新的起点。

2015年元旦

于北京大有北里

---

[1] 发掘报告释读为“樵中格吴子运”，大葆台汉墓发掘组：《北京大葆台汉墓》，第13页。

[2] 侯旭东：《北京大葆台汉墓竹简释义——汉代聚落自名的新证据》，《中国历史文物》2009年第5期；王子今：《大葆台汉墓竹简“樵中格”的理解与“汉代聚落自名”问题》，中国国家博物馆馆刊2011年第10期。

[3] 大葆台汉墓发掘组：《北京大葆台汉墓》，第45页。

[4] 王子今：《大葆台汉墓出土猫骨及相关问题》，《考古》2010年第2期。

[5] 王学理：《汉南陵从葬坑的初步清理——兼谈大熊猫及犀牛骨骼出土的有关问题》，《文物》1981年第11期；《汉“南陵”大熊猫和犀牛探源》，《考古与文物》1983年第1期；杨永林：《汉昭帝平陵考古发现骆驼骨架》，《光明日报》2011年11月6日；袁靖：《动物考古学揭密古代人类和动物的相互关系》，《西部考古》第2辑，三秦出版社2007年12月版，第94页。

[6] 北京大葆台西汉墓博物馆编：《汉代文明国际学术研讨会论文集》，燕山出版社2009年5月版。

[7] 北京大葆台西汉墓博物馆编：《西汉“黄肠题凑”葬制的考古发现与研究》，北京燕山出版社2013年3月版；北京大葆台西汉墓博物馆编：《汉代燕蓟地区史料汇编》，北京燕山出版社2013年8月版。

[8] 北京大葆台西汉墓博物馆编：《北京地区汉代城址调查与研究》，北京燕山出版社2009年6月版。

前　言

1974年6月，北京市地质地形勘测处受石油化工总厂委托在丰台区黄土岗公社郭公庄村西南1公里处进行勘探，探出木炭、木头等异常现象。北京市文物工作队派考古人员现场勘察，初步认定是一座大型木椁墓，命名为大葆台汉墓。

大葆台汉墓经考古发掘，共发现两座大型汉墓，东西并列。两墓封土连成一东西近100米，南北80米的大土丘，残存高度8米，层层夯筑而成。封土中出土有商周至战国时期遗物，如蚌镰、陶纺轮、环首铜削、铜镞、鎏金铜盖弓帽、燕明刀等。此外还发现了汉代夹砂红陶罐。

一号墓在东，二号墓在西，两墓相距26.5米。两墓均为土坑竖穴木椁墓，坐北朝南。一号墓墓室结构保存较完整，是我国首次发现的“黄肠题凑”墓，通过对墓葬形制、随葬器物组合和文献记载的研究，判断墓主人为西汉广阳顷王刘建(前73年—前45年在位)。二号墓为其王后的墓，由于早年被盗后被火严重烧毁。

大葆台一号墓平面呈“凸”字形，墓室南北长26.8米，东西宽21.2米，墓坑深4.7米，由车马坑遗址、甬道、外回廊、黄肠题凑、前室、内回廊、后室等部分组成。棺椁使用了五层漆棺漆椁，为三棺两椁制，色彩艳丽，除内棺内外髹黑漆外，中棺、外棺和内外椁均外髹黑漆内髹红漆。

二号墓平面也呈“凸”字形，规模较一号墓略小，墓室南北长17.7米，东西宽11.75米。

大葆台汉墓使用的“黄肠题凑”是汉代高级丧葬体系的葬具。《汉书》卷六八《霍光传》颜师古注引苏林曰：“以柏木黄心致累棺外，故曰黄肠；木头皆内向，故曰题凑。”一号墓使用的题凑木均为柏木，制作规整，表面平整光滑，长度均为90厘米，截面多为10厘米×10厘米，少数为10厘米×20厘米或20厘米×20厘米。一号墓黄肠题凑共使用柏木枋14000多根，层层垒砌，在椁室外形成了的一圈由题凑木堆垒成的“木墙”，每壁各30层，南壁正中辟门。

大葆台一号墓和二号墓随葬车马均位于墓室南侧，与甬道相连接。一号墓墓室南侧随葬3辆车和11匹马，墓室外回廊随葬3匹马和1只豹，另有一模型车马。一号墓随葬3辆车均为木质双轮单辕车，木质彩漆，车周身涂黑漆，车轮加饰红漆，车毂彩绘锯齿纹，车上加装伞盖，车身及伞盖上装饰许多鎏金铜饰件，十分华丽，为史书所记载“朱斑轮青盖车”。二号墓车已毁，从车饰推断，与一号墓车的形式结构基本相同。

1974年8月，在清理大葆台一号墓南部封土时，发现一座破坏较为严重的金代建筑遗址。1975年4月，在发掘二号墓时，又在两墓之间清理了一座金代砖井。在金代遗址中出土了瓷器、铁器、建筑构件以及铜钱等遗物。在大葆台汉墓发掘组编辑《北京大葆台汉墓》一书时，大葆台金代遗址出土文物并未收录其中。为了便于研究者使用，几经思虑，我们遴选了一部分，编入本书。

本书中出土文物按照材质进行分类，对于复合材质的器物，我们按其主要功用来归类，比如铜案足，我们归入了漆木器。

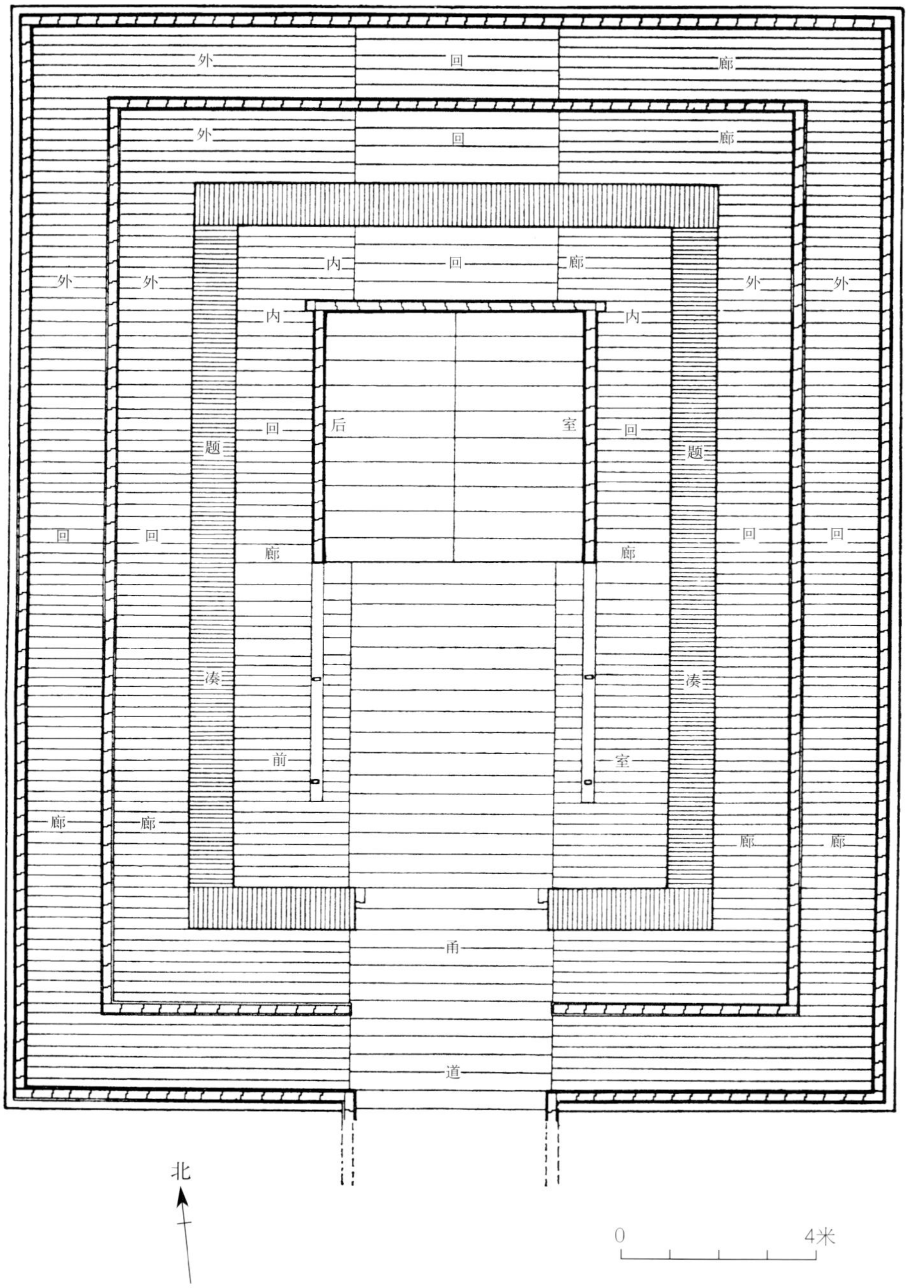

一号墓墓地平面图

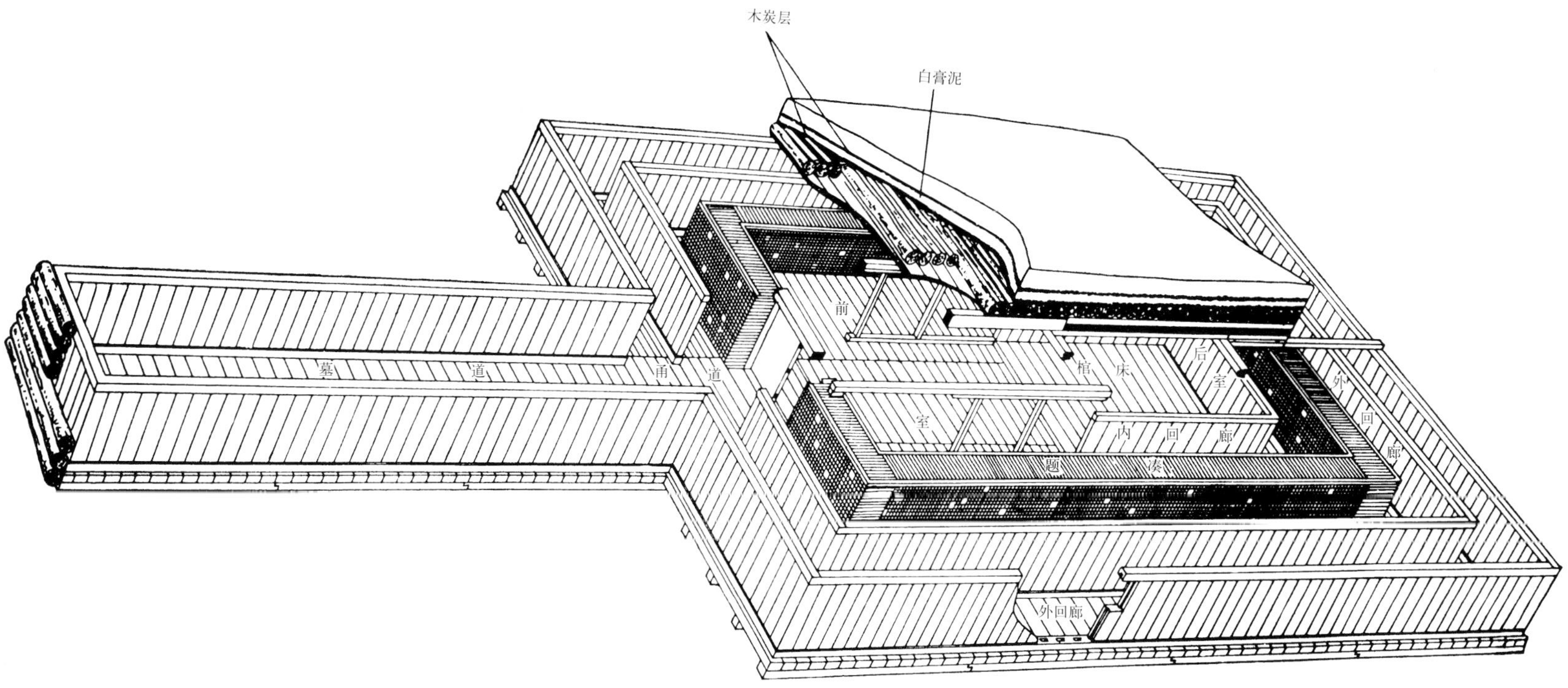

一号墓墓室结构示意图

封土远景（由南向北）

一号墓发掘现场（由西向东）

一号墓墓道内的三辆车（由南向北）

夏鼐先生指导发掘工作

发掘现场（由东向西）

发掘人员合影（前排左起：赵其昌、贾峨、任继奉、鲁琪、朱志刚；后排左起：巩俊侠、张先得、刘震伟、马希桂、麦英豪、赵学勤、魏群、赵迅）

博物馆外景

一号墓墓室复原陈列

目　录

铁器

玉石器

骨角牙器

漆木器

纺织品

车马饰件

陶瓷器

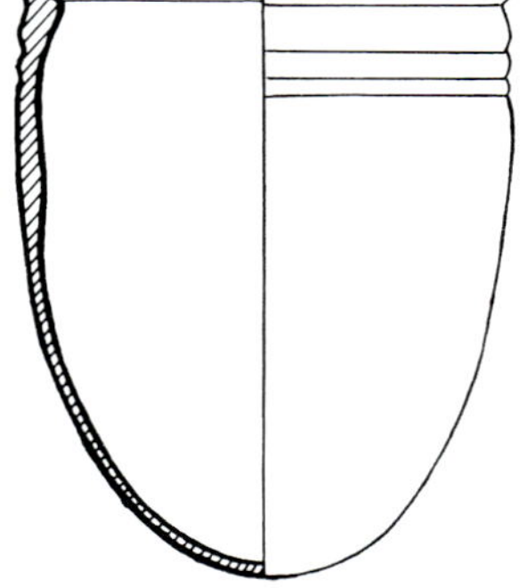

汉代陶罐

Pottery Jar from the Han dynasty

口径23厘米　高28厘米

出土于封土的南部，距封土顶深1米处的夯土中

夹砂红陶。口微敛，斜折沿，沿面微凹，下加方唇。颈部有三周凹槽。深腹，腹下部缓收。圜底。出土约20件，有些陶罐的外壁或内壁留有烟熏痕迹。

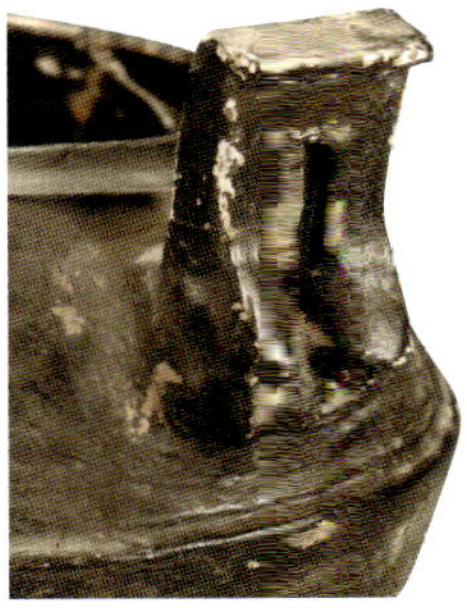

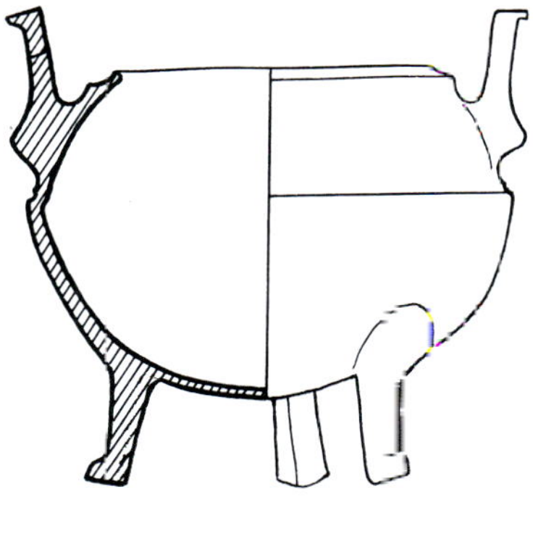

黑漆衣陶鼎

Black lacquer-coated pottery *Ding* (food container)

高27厘米　口径17厘米　足高6.5厘米

出土于一号墓东侧内回廊

泥质红陶，外饰黑漆。身为轮制，耳、足模制。敛口，有子母口形凹槽，缺盖，腹圆鼓，圜底，口沿两侧有一对长方形镂孔竖耳，近腹底部有三个蹄形足，腹部饰有一周凸弦纹，底饰篮纹。

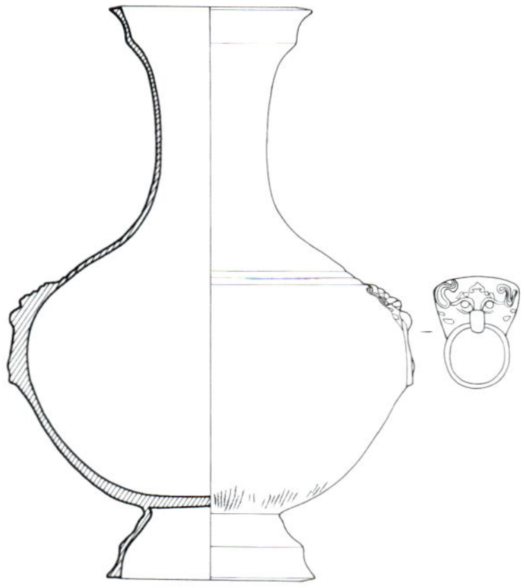

黑衣陶壶

Black lacquer-coated pottery pot

高54厘米　口径19厘米
出土于一号墓西侧内回廊

泥质红陶，轮制，外施黑漆。
盘形口有领，细长颈，圆腹，折曲状圈足，腹部两侧的铺首大耳衔环，腹底部有篮纹，缺盖。

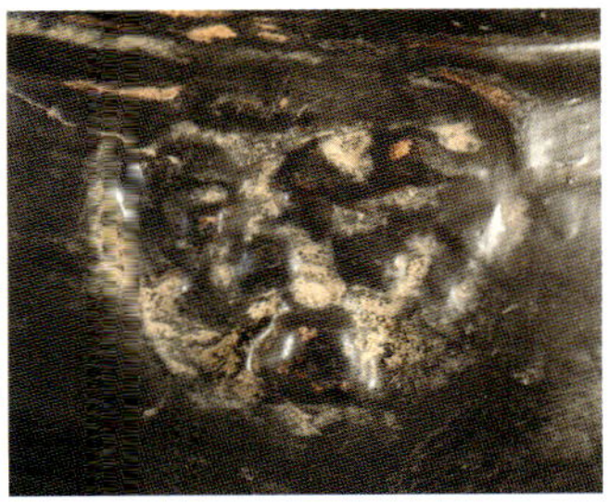

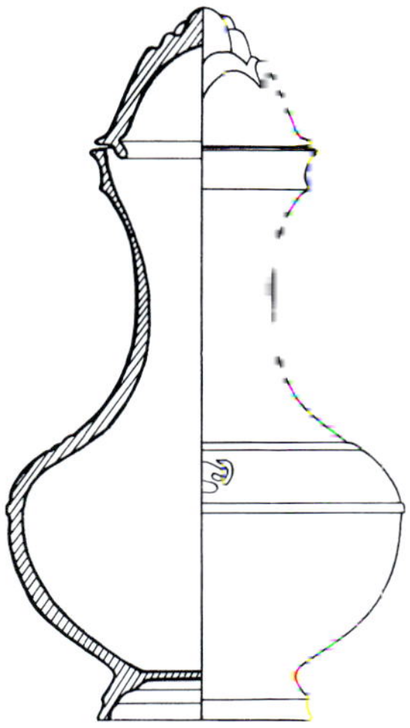

黑衣陶壶

Black lacquer-coated pottery pot

通高52厘米　口径17厘米
出土于一号墓内回廊西北角

泥质红陶，轮制，外施黑漆。
盘形口有领，领中微凹，细长颈，圆腹，折曲状圈足，器腹部两侧有对称铺首，肩上有两圈凹弦纹，腹上有一周凸弦纹。圈足为轮制后接，铺首模印后贴上，博山式盖。

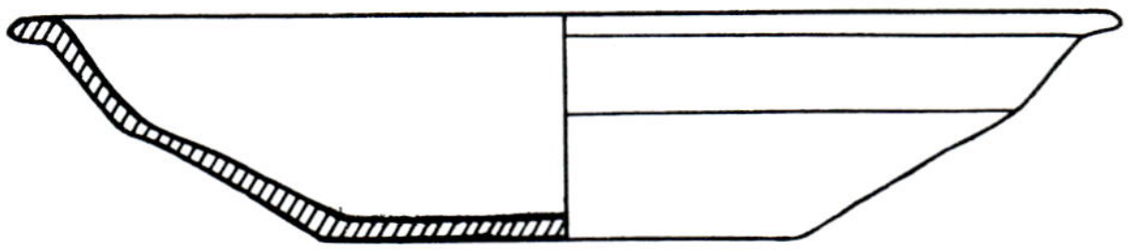

内红外黑陶盘

Pottery plate lacquered red inside and black outside

高6.9厘米　口径26厘米

出土于一号墓东侧外回廊北端

泥质红陶。里施红漆衣，外施黑漆衣。

口沿外折成平沿，器腹较深，斜壁微弧，平底。

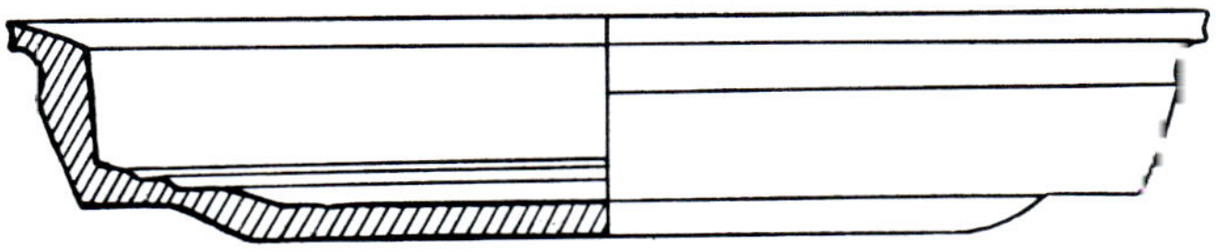

黑漆衣陶盘

Black lacquer-coated pottery plate

高5厘米　口径28厘米　底径16厘米
出土于一号墓前室东南角

泥质灰陶，里外均施黑漆衣，轮制。
敞口折沿，折腹，大平底，内底凸弦纹一周。

黑漆衣陶盘

Black lacquer-coated pottery plate

高5厘米　口径24厘米　底径10厘米
出土于一号墓东侧外回廊北端

泥质灰陶，里、外均施黑漆衣，轮制。
外折斜口沿，器腹较浅，腹壁上部微内斜，下部向里折收成平底，内底有一圈凸弦纹。

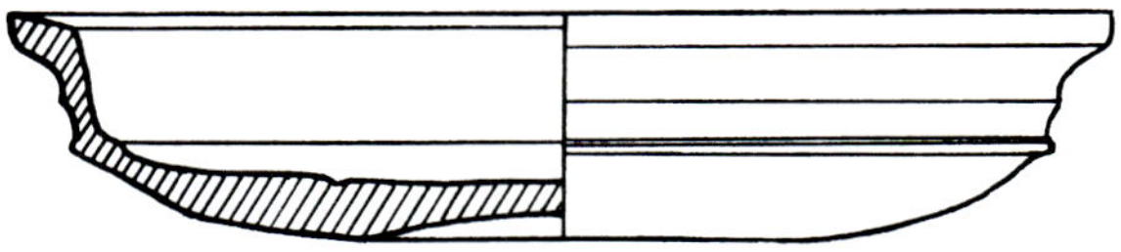

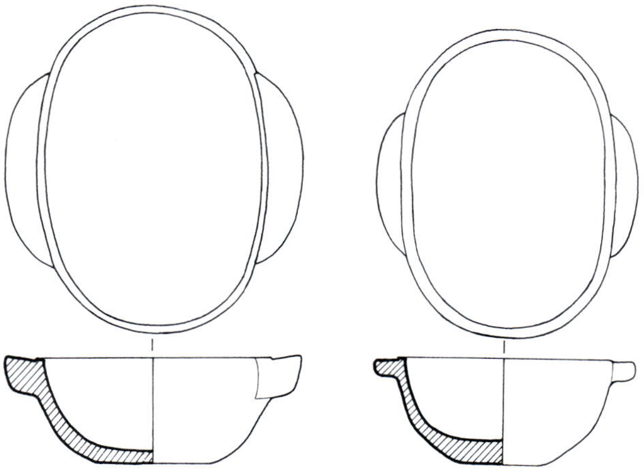

陶耳杯

Winged pottery cups

高约5厘米
出土于一号墓东侧外回廊北端

泥质灰陶，部分耳杯里、外施黑衣，模制。杯身椭圆如船形，两侧有新月形耳。部分有皿座，皆仿漆器。出土时有的耳杯还置于陶盘中。

直柄陶魁

Pottery dipper with straight handle

高9.7厘米　口径23.7厘米　底径11厘米　龟首长9厘米
出土于东侧外回廊北端

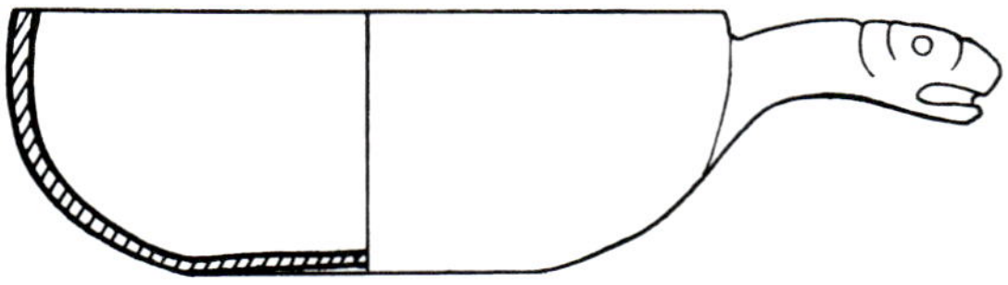

泥质灰陶，外施黑漆，轮制。

龟首模制后安上。口圆形，短柄直臂，下微敛为平底，底微内凹，柄作直颈龟首形，底饰篮纹。

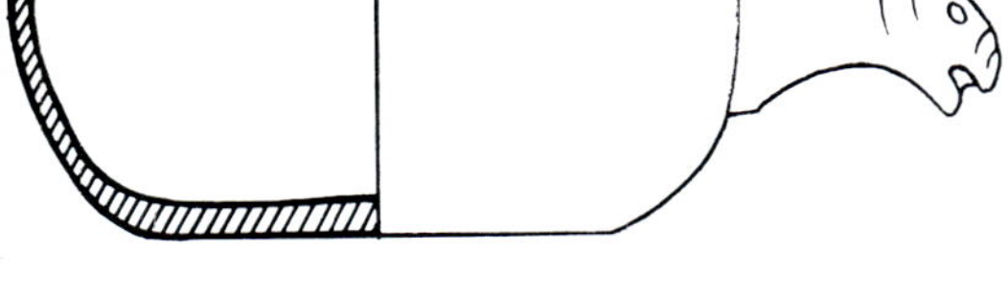

曲柄陶魁

Pottery dipper with curved handle

高8.5–9.5厘米　口径23.5–23.8厘米
出土于一号墓东侧外回廊北端

除了龟首为曲颈外，其余与直柄陶魁相同。

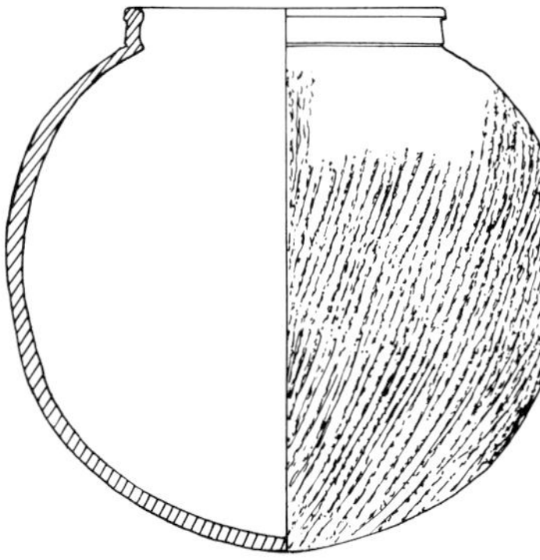

陶瓮

Pottery jar

高84厘米　口径50厘米
出土于一号墓北侧外回廊

泥制灰陶，轮制。
短颈，鼓腹，圜底，下部饰篮纹。出土时瓮内放有猫、兔等兽骨多块。

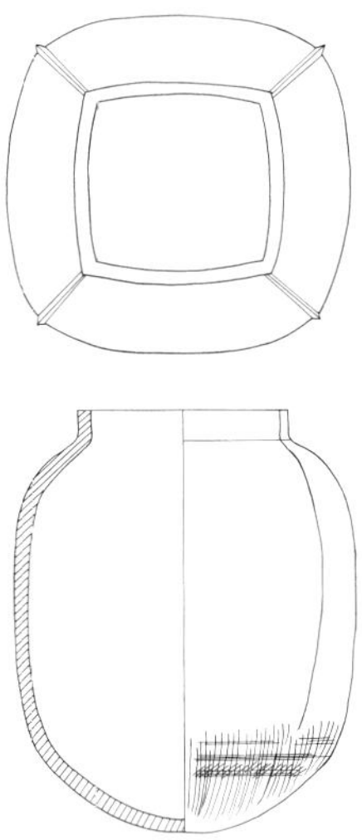

陶钫

Pottery *Fang* (square-mouthed wine vessel)

高60厘米　口径24.8厘米　最大腹径51.2厘米
出土于一号墓前室靠东侧位置

泥质灰陶，轮制。
方形直口，弧壁，圜底，最大径在器身下部，四角起棱，底部饰篮纹。

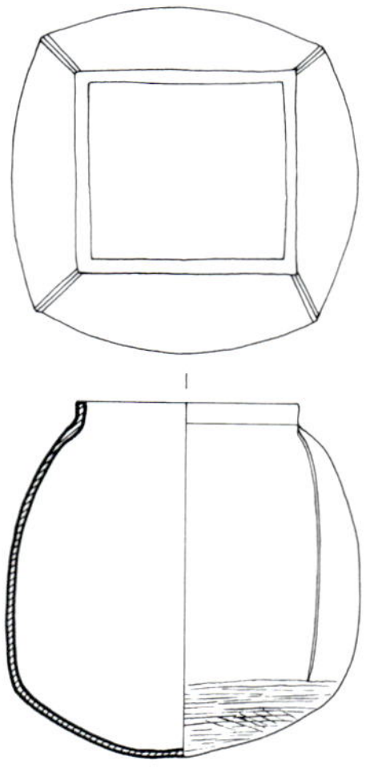

陶钫

Pottery *Fang* (square-mouthed wine vessel)

高53厘米　口径32.4厘米　腹径51厘米
出土于二号墓

泥质灰陶，轮制。
方形直口，弧壁圜底，最大径在器身下部，
四角起竖棱，底饰圆形篮纹。

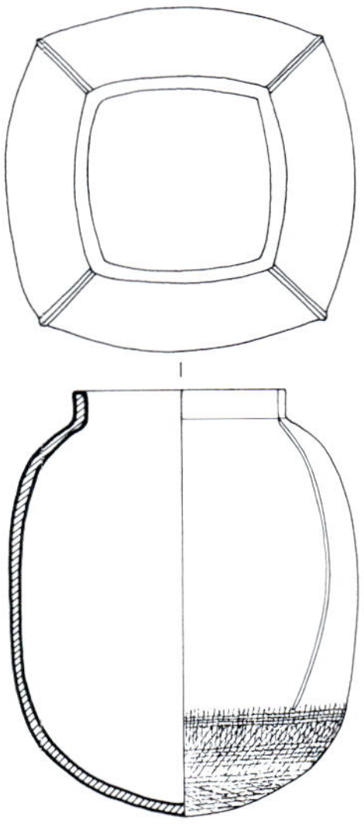

陶钫

Pottery *Fang* (square-mouthed wine vessel)

高66厘米　口径32.5厘米
出土于二号墓

泥质灰陶，轮制，大部分已经被火烧成红色。方形直口，壁微弧，圜底，四角起竖棱，器身下部饰方格纹，底饰圆形篮纹。

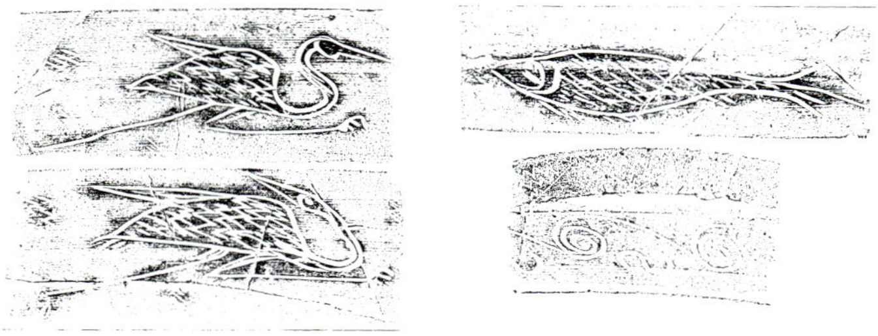

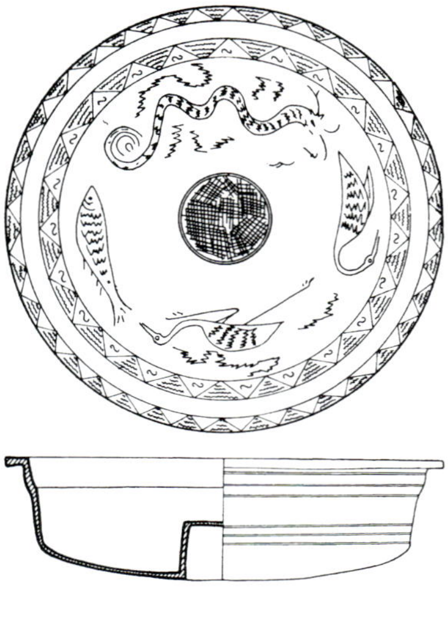

盆形器

Basin-shaped ware

高20厘米　口径70厘米
出土于二号墓

泥质红陶，轮制。
平沿，壁微内弧，圜底，内底中央起一中空粗圆柱，柱面划格纹。盆沿饰凹三角曲线纹，内壁饰一周相连的涡纹和一条飞龙、三条游鱼和三只奔鹤。内底亦饰一周三角曲线纹和龙鱼双鹤纹。造型别致，纹饰生动。

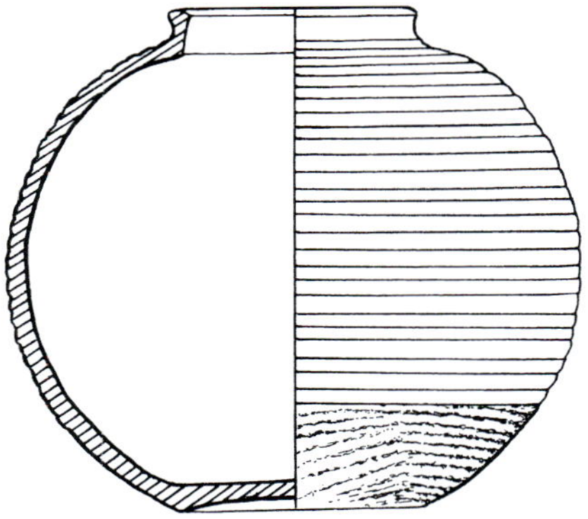

陶罐

Pottery jar

高30厘米　口径16厘米
出土于二号墓

泥质红陶，轮制。

直口微外敞，鼓腹，平底，底内凹，通体饰弦纹，底饰篮纹。

陶俑

Pottery figures

高38–40厘米

出土于一号墓外回廊和题凑门西侧

泥质灰陶，模手合制。部分残缺。均为立俑。

上身扁平、下身椭圆。分实心与空心两种。俑衣纹刻划简练，造型简单古朴。有脸涂白粉，墨绘眉、耳、口、鼻和胡须者，背部阴刻简练的衣纹、腰带。

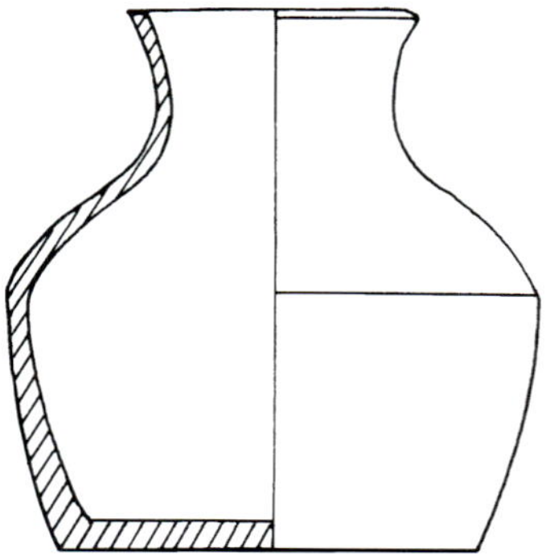

绿釉陶壶

Green-glazed pottery pot

高24厘米　口径13厘米
出土于二号墓

泥制红陶，轮制。器表施绿釉。
口外敞，广肩，大平底。

黑釉大口瓷罐

Black-glazed jar with big rim

口径20.5厘米　高22.5厘米　腹径28厘米　底径13厘米
出土于金代遗址

大口，圆唇，矮颈，广肩，肩下渐收至为平底。黄白胎，外壁施黑釉不到底，形成较厚的垂釉，底仅中心有釉，釉色光亮厚重。

黑釉大口小瓷罐

Black-glazed jar with big rim

口径15厘米　高13.6厘米　腹径17.5厘米　足径8.7厘米
出土于金代遗址

大口，沿外卷，腹微鼓，圈足。黄白胎，质坚细，外壁施黑釉不到底，内壁仅口沿下有釉，色光亮。

钧釉碗

Jun ware bowl

口径16.5厘米　高7.5厘米
出土于金代遗址

敛口，深腹，圈足。桔红胎，质坚而粗，里外施天蓝釉，有棕眼，底和圈足无釉。

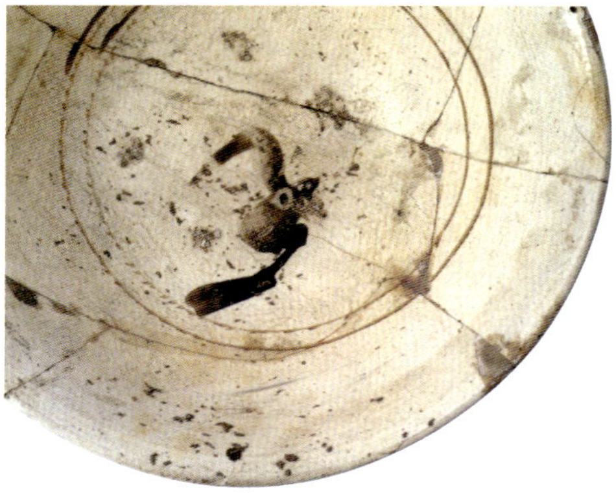

白釉褐花碗

White-glazed bowl with brown designs

口径20.5厘米　高7.8厘米　足径8厘米

出土于金代遗址

敞口，深腹，腹微鼓，圈足，灰白胎，质厚重，里外施白釉，外壁底釉不到，内底用褐釉绘两圈弦纹，中用褐彩绘一似燕形花纹。

白釉刻花盘

White-glazed plate with carved designs

口径17.5厘米　高3.5厘米　足径3.5厘米
出土于金代建筑遗址

敞口，浅盘，矮圈足。里外施白釉，口沿无釉，胎质薄而坚，釉色细润光亮有小开片。底施一圈凸弦纹，内施一卷尾游鱼，周以水纹荷莲相衬，口沿下施一周回纹和缠枝牡丹纹。纹饰生动繁缛。

酱釉鸡腿瓶

Tapered vase with dark brown glaze

口径4.6厘米　高36厘米　底径6厘米
出土于金代遗址

小口，短颈，圆肩，肩下渐收为细长器身，凹底，最大径在肩部，肩以下有七道弦纹，缸胎粗厚，通体施酱釉，底无釉。

铜器

鎏金铜铺首

Gilt-bronze *Pushou* (animal-headed knocker chassis)

长23.3厘米　宽18.9厘米

出土于一号墓盗洞中

兽面造型，铜质，通体鎏金。双眼上方有三道阴文眉，双眼突出，面颊微鼓，鼻嘴相连透空处露出獠牙，呈狞笑状。器物背面一长扁平支架上钻有一孔。器物造型威猛粗犷，鎏金灿烂。应为"铺首衔环"，出土时缺环。

鎏金嵌玉铜龙头

Gilt-bronze dragon heads inlaid with jade

高20.5厘米　宽8.5厘米
出土于一号墓后室北侧内椁底板上

为枕角一端的构件（另端缺），龙头鎏金，作张嘴吐舌蹲坐状，用水晶作眼睛，青玉作牙、舌和双耳。造型别致生动。后参照其他汉墓出土同类器物复原了龙头枕（注：从出土照片来看角的复原似有误）。

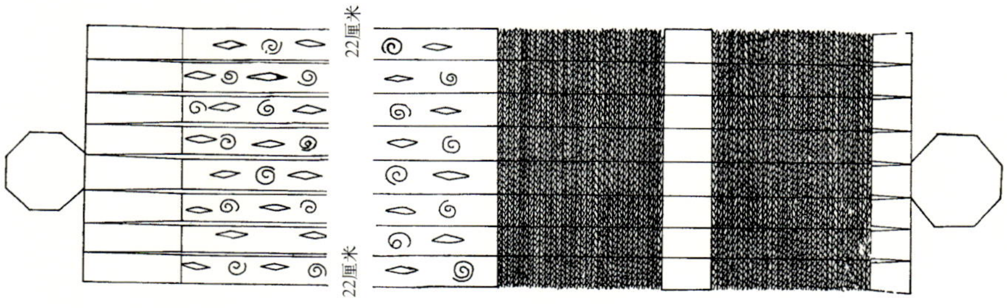

错金银八棱铜兵器

Octagonal bronze weapon inlaid with gold and silver

长48.5厘米

出土于一号墓内棺盖板上

已压弯折。八棱，铁心外包铜，顶和柄端包银，器柄铁心外嵌金箔一圈，金箔两侧缠以丝绳，周身错菱形银纹和红铜丝涡纹。推测此器可能是防身用兵器。

铜镦

Bronze Dui (sheath of spear handle)

长13.5厘米　銎径2.5厘米

出土于一号墓后室

鎏金，筒长，口大底小，截面近菱形而不甚规则。腰部有丰长凸棱两道，銎内留有残柲朽竹。

铜刷

Bronze brush

长12.5厘米

出土于二号墓

长柄末端作立体龙首状，伸舌；另一端似烟口状，口部呈圆形，中空，刷毛已无。属于妆奁用具。

昭明镜

Zhao Ming (nobleness) mirror

直径15厘米
出土于一号墓后室北侧内椁底板上

圆形，圆钮，连弧纹座，座外环以八个内向连弧纹，连弧纹内或填以斜“田”纹和涡纹。铭文曰“内清质以昭明光辉象夫乎兮一日月心忽愿忠然雍塞不泄”，素平缘。

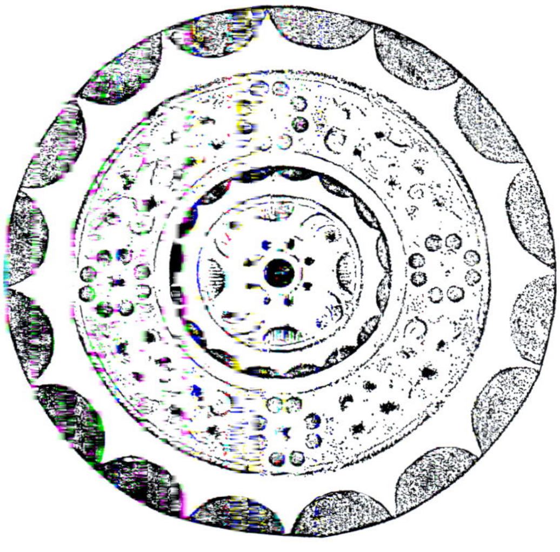

星云纹铜镜

Bronze mirror with celestial symbols

直径15.5厘米

出土于一号墓后室北侧内椁底板上

圆形，连峰式钮，十六个内向连弧缘，钮座环绕四个圆锥形乳和弧形草叶，围以十六个内向小连弧，外为四乳草叶，间四组星云纹。

四乳四虺纹铜镜

Bronze mirror with designs of four nipples and four snakes

直径19厘米

出土于一号墓后室北侧内椁底板上

圆形，圆钮，并蒂连珠纹钮座，凸圈外围两周栉齿纹之间，四乳与四虺相见环绕，钩形四虺两侧饰以鹿、兔、龙、虎、凤和鸟等纹饰，素平缘。

铜虎镇

Tiger-shaped bronze mat weight

高5.5厘米　底座直径8.5厘米

出土于二号墓前室东侧

圆座上铸有一侧身屈肢盘卧之猛虎，虎作张嘴瞪目之状。底座有一方孔，虎身阴刻线条。应为席镇。

铜小豹

Bronze leopard

高4厘米
出土于一号墓前室

作回首半卧状，神态生动有力，
爪上铸有一圆孔。

环首铜削刀

Loop-end bronze scraper

长20厘米
出土于封土中

直背，细柄。有椭圆形环首。

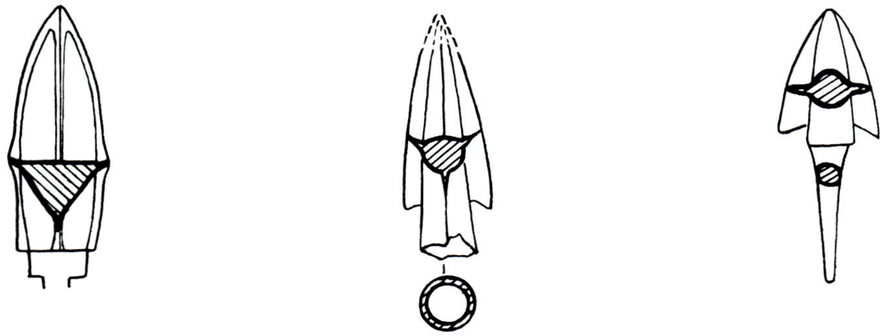

铜镞

Bronze arrowheads

双翼倒须式长3.4厘米　宽1.2厘米
三棱式长3.5厘米 宽1厘米
出土于封土的夯土层中

分为双翼倒须式和三棱式两种。刃锋尚锐利。

铁器

"渔"字铁斧

Iron axe with Chinese character "Yu"

高10.6厘米

出土于一号墓北侧外回廊隔板外侧

呈梯形，顶有长方形直銎，由銎至刃部逐渐扩展，两侧略带弧形。斧身有铸缝，在銎部铸有两圈凸棱，刃部锋利，斧面光洁呈暗红色，一面铸有微微凸起的"渔"字。"渔"字标记可能为渔阳郡铁官作坊的产品，系首次发现。

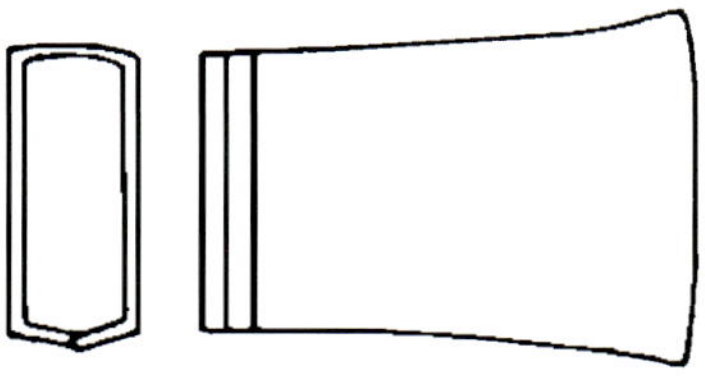

铁簪

Iron hairpins

其中一件长11.4厘米　一件残长4.5厘米
出土于一号墓西侧内回廊

半球形帽，体上粗下细呈尖锥状。

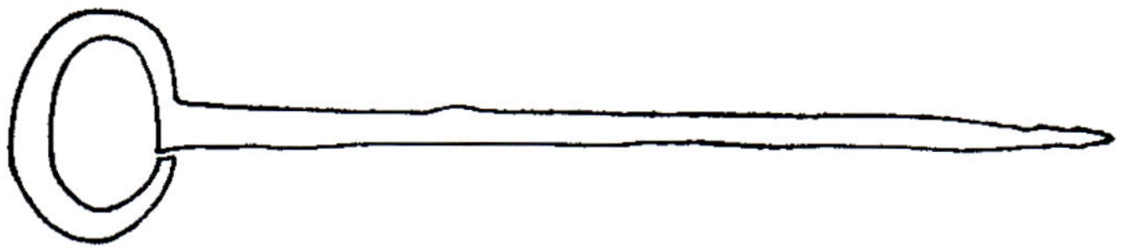

铁环首削

Loop-end iron scraper

长14.2厘米　首长2厘米　宽3厘米

出土于一号墓西侧内回廊

体扁平，前段呈尖锥状，后有椭圆形环首，环首系弯折而成。

铁戟

Iron halberds

刺长22厘米　宽2–3厘米　枝长14厘米　宽2–3厘米
柲长8.5厘米　断面直径2厘米
出土于一号墓墓道南部车马前端之两侧

器通体扁平，刺长，锋部呈三角形，刺前端嵌鎏金铜套，伸出的戟枝锋部残缺，刺、枝外均有漆鞘，由上、下两片夹木合成。在刺枝相交处装一铜柲，柲中空，呈圆形，内装木柄已残。
戟是一种既可刺杀，又可钩杀的具有双重功能的兵器。这些铁戟出土于车马旁边，应为仪仗之用。

六鋬铁釜

Six-eared iron *Fu* (cauldron)

口径34.5厘米　高22.5厘米　鋬长7厘米　宽4厘米
出土于金代遗址

平口，口沿下有三道凹弦纹，腹外壁上端分置六鋬，鋬作长方形，圜底，底中央突出一脐。

双耳铁罐

Two-eared iron jar

口径7.3厘米　高11.8厘米　腹径12.1厘米　底径5.8厘米
出土于金代遗址

直口，矮颈，腹略鼓，平底。肩有两对称之半环耳，罐外壁尚留有范模合口的痕迹。

铁铃

Iron bell

高13厘米　宽3.5–7.6厘米
出土于金代遗址

平面作正方形，侧视上窄下宽，顶有圆环可悬挂于屋檐下，铃下端四面有对称之镂孔花纹。

玉石器

韘形佩

Archer thumb ring-shaped jade pendant

直径9.2厘米　厚0.3厘米。
出土于一号墓后室内椁底板上

两面透雕龙凤纹，龙凤纹之间为心形，其上阴刻变形云纹，在肉和好上的边缘各刻弦纹一周。刻工巧妙，纹样精美。韘形佩属佩饰，也称心形佩，其纹饰是在璧形器中雕琢出心形玉佩的纹饰，属于玉璧与心形玉佩的纹饰相结合的产物。

象纹玉璧

Jade *Bi* (disc) with elephant design

直径9.2厘米　厚0.1厘米

出土于一号墓后室北面内椁底板上

已残缺不全。白玉质，一面透雕双象纹。作屈身足舞状，形象生动。在肉和好的边缘上，阴刻弦纹一周。表面光泽，琢工精巧美观。

透雕螭虎玉佩

Openwork jade pendant engraved with hornless dragon-tiger decoration

长9厘米　厚0.5厘米

出土于二号墓墓室东北侧

白玉质。圆形，已残碎，上部镂雕成樱花状，中间镂雕一盘曲螭虎，虎体用阴刻线条刻出虎形，均两面刻，形象生动。边缘阴刻两圈弦纹，中间夹以双弧形纹。

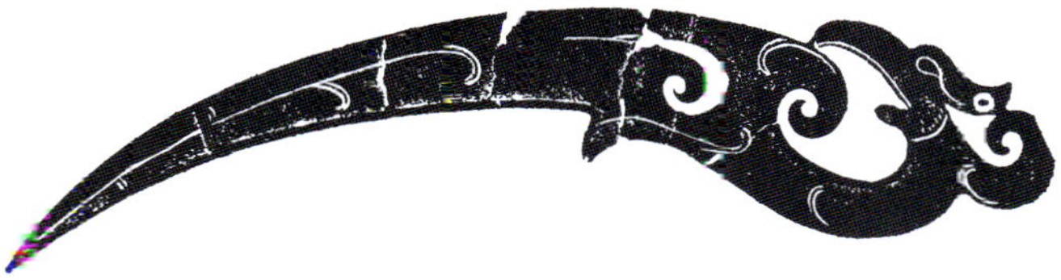

玉觿

Jade *Xi* (unknotting tool)

长11.7厘米

出土于二号墓尸骨的西侧

两件。白玉质，觿体扁平细长，一端如尖锥，一端镂空雕饰回首展翅翱翔天空的凤鸟，觿体两面线刻阴文。雕工精巧，线条流畅。此玉觿为佩饰。

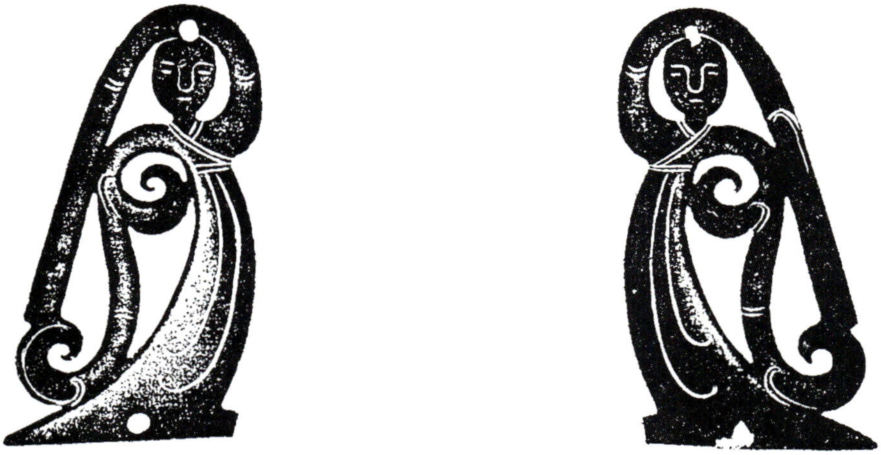

玉舞人

Jade dancer pendant

长5.12厘米　宽2.53厘米　厚0.48厘米

出土于二号墓尸骨头部

白玉质。以透雕镂空技法制成。双面阴刻舞人的形象，舞人头部没有明显的发式，五官刻画也比较简单，仅用几条短阴线勾画出眉眼鼻口，衣裙和双袖较长，并多为曲线。轻舒广袖，微折柳腰，长裙拂地，展现了汉代舞人佩“长袖”和“细腰”的特点。上、下端各有一孔，应为组玉佩中的一件。

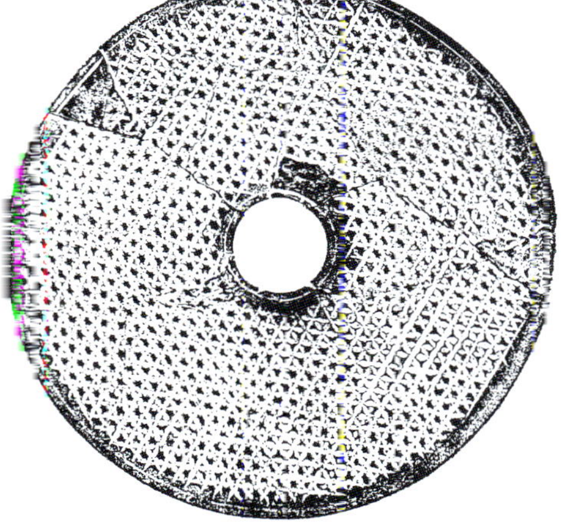

蒲纹玉璧

Jade *Bi* (disc) with cattail mat（hexagon）design

直径17厘米　厚0.3厘米
出土于二号墓墓室东北角

残，墨玉质，两面均雕蒲纹，在肉和好的边缘处阴刻弦纹一周。

素玉璧

Plain jade *Bi* (disc)

直径13.5厘米　厚0.4厘米
出土于一号墓后室北面内椁底板上

白玉质。琢磨欠平整规则，无纹饰。

青玉环

Jade ring

直径9厘米　厚0.3厘米
出土于二号墓尸骨足的下侧方

青玉质。环扁圆，素面，两面打磨光滑洁润。

素玉璜

Plain jade *Huang* (semiannular pendant)

长9.5厘米　宽2.6厘米　厚0.3厘米

出土于一号墓后室北面内椁底板上

青玉质，扁平弧形，素面无纹饰，两边和中央各有一孔，均为单面钻孔。

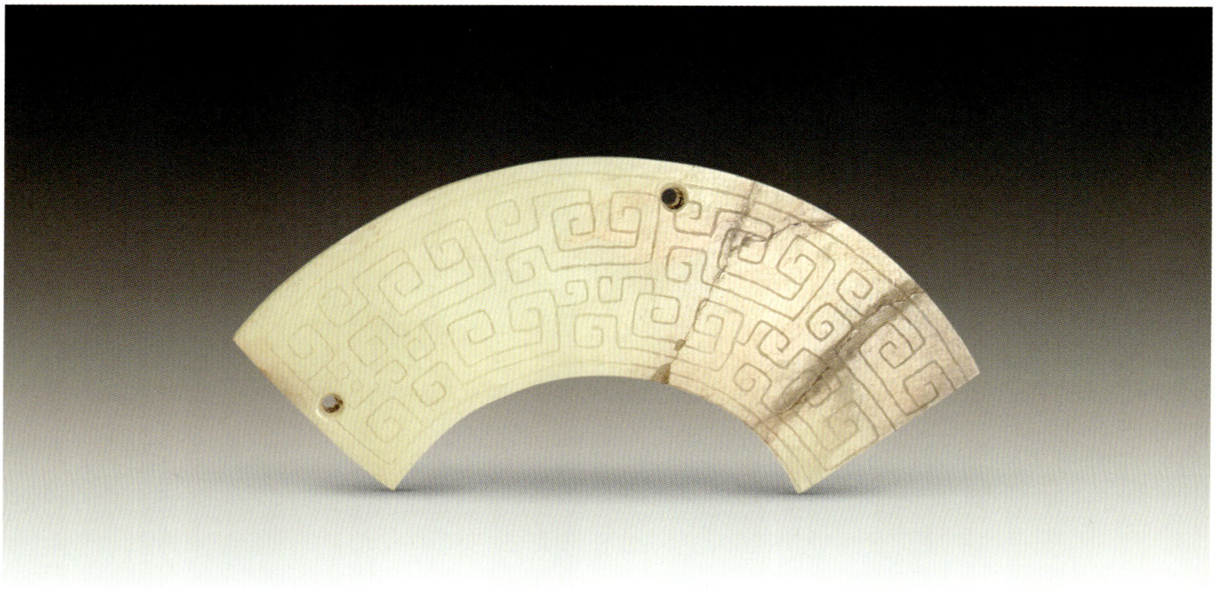

龙纹玉璜

Jade *Huang* (semiannular pendant) with rectangular spiral design

长10厘米　宽3厘米　厚0.3厘米

出土于一号墓后室北侧内椁底板上

青玉质。扁平弧形，阴刻秦式龙纹，圆弧顶端和左下侧一角各有一孔。为两面钻。

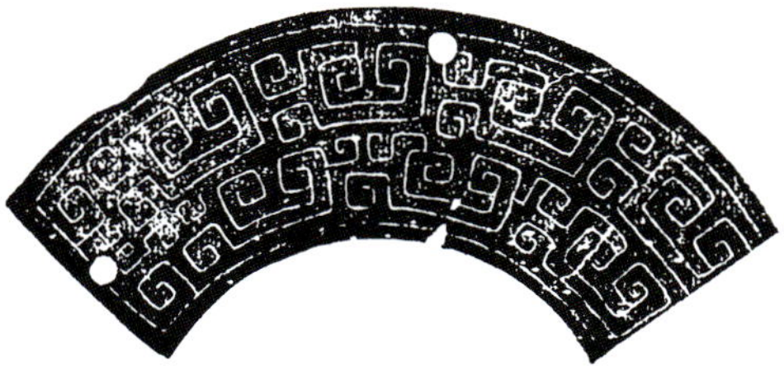

玉匣残片

Pieces of jade burial suit

一片长2厘米　残宽1.2厘米　厚0.3厘米
另一片长1厘米　残宽仅0.6厘米
出土于一号墓后室北面内椁底板的尸骨旁

共2件。均为白玉质，其中一片为长方扁平状，两角各有一圆孔，单面钻，边缘琢磨成倒棱状。另一片仅剩下一个小角，角上有一残穿孔。

玉耳塞

Jade earplug

长2.7厘米
出土于二号墓尸骨东部

白玉质。一头大，一头小，大头顶部为平面，小头顶部为半圆形，截面作圆形。

玉条

Jade strips

长4.7–11.5厘米　宽1.0–1.1厘米　厚0.1–0.3厘米
出土于一号墓后室北面内椁底板上

呈长条形，一面打磨光滑平整，有的一端作成斜角形。

白玉鸽

Jade pigeons

高1厘米　宽1.2厘米
出土于二号墓尸骨头部东侧

白玉质。扁平作鸽形，胸部有一圆孔。

瓶形玉饰件

Vase-shaped jade ornament

高1.1厘米　底径0.5厘米
出土于一号墓后室北面内椁底板上

白玉质，似花瓶，底大口小，上、下均有小孔，但未钻通。

镂空条形饰件

Openwork jade strip

长10.7厘米　宽3厘米　厚0.2厘米

出土于一号墓后室北侧内椁底板上

白玉质。系嵌件。扁平条形，边作成宽齿状，中间镂空花纹，一端钻双孔，一面琢磨的光滑平整。

方形镂空玉饰片

Square openwork jade ornaments

长2.2厘米　宽1.8厘米　厚0.3厘米

出土于一号墓后室北面内椁底板上

白玉质。扁平方形，右角呈圆钝角，中间镂空花纹，上阴刻变形云纹。一件中间一圆孔，一面钻。另一件孔未钻穿。

螭虎玉饰件

Jade hornless dragon-tiger ornament

长5.2厘米　宽2厘米　最厚处1.7厘米
出土于一号墓

白玉质。在一块长方玉上，半浮雕一个爬伏螭虎，雕工精巧，玉质细润。

灰白玛瑙饰件

Offwhite agate ornament

长7厘米　宽4厘米　厚1厘米
出土于一号墓后室内椁底板上

长方扁形。一面光滑明亮，灰白色。有数条白色平行斜线纹。

玉饰片

Jade ornaments

出土于一号墓后室北面

白玉质。有鸡形、鱼形、r形、圆形、菱形、三角形、半弧形、半环形、椭圆形等不同形状的饰片，多系扁平、一面磨光。应为嵌件。

桃形玛瑙饰件

Peach-shaped agate ornaments

长4.2–4.5厘米　宽2.7–3.5厘米　厚0.3–0.5厘米
出土于一号墓后室北面内椁底板上和北面内回廊中

形如扁桃，表面打磨光滑明亮，背面稍加打磨。有蜜黄、灰白和藕粉色三种颜色。

缠丝玛瑙饰件

Sardonyx ornament

长6厘米　宽4.6厘米　厚0.7厘米

出土于一号墓后室北面内椁底板上

近似梯形，底平面微鼓，表面琢磨极其光滑平整，左侧有一片花形鸡血红，色彩艳丽。

橙黄玛瑙饰件

Orange agate ornament

长9.5厘米　宽7.3厘米　厚0.3–0.6厘米

出土于一号墓后室北面内椁底板上

近似三角形扁片，背面磨平，表面高低不平呈凸起之葡萄珠状，周边灰白色，中央橙黄色。

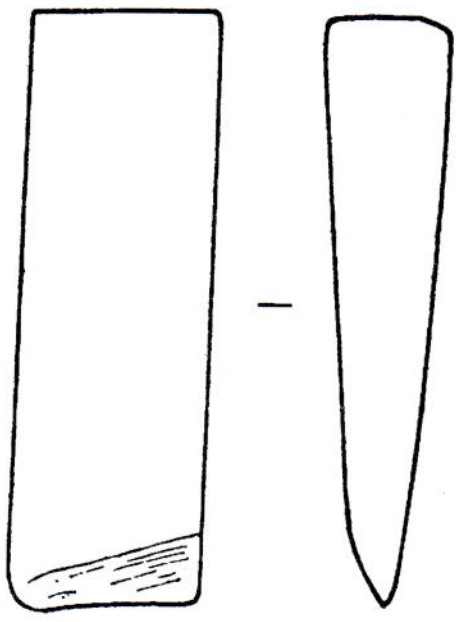

石锛

Stone adze

长5.3厘米　顶宽1.7厘米　顶厚1.2厘米
出土于一号墓西侧内回廊

细粉砂岩质。长条形，平顶，刃部两面磨，为平刃，四面打磨的很光滑平整。

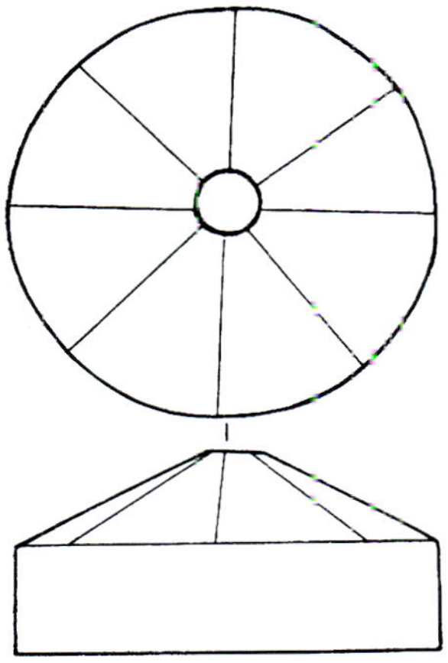

圆压石

Round stone weight

直径5厘米　高2.4厘米
出土于一号墓前室南端

基性火山岩质，圆形，底光平，面呈八棱伞状，石质光滑明润。

三通石坠

Three-way stone pendant

长8厘米　宽6厘米
出土于金代遗址

形如橄榄，两侧凿一相通之圆孔，上端亦有一圆孔与两侧圆孔相通。

条形玛瑙饰件

Strip agate ornaments

其中一件长3.4厘米　宽1.9厘米　厚0.3厘米
出土于一号墓

长条扁形，表面打磨光滑平整，色橙黄，间有数条白色平行曲线。

骨角牙器

凤纹骨雕

Bone carving with phoenix design

长7.3厘米 厚0.9厘米

出土于一号墓西侧内回廊中

体扁平，阴刻线条纹为地，地上刻凹双线的三角纹。骨雕正面阴刻飞舞丹凤，背面边缘阴刻双线，双线之间阴刻三角形纹一周，中心阴刻一怪兽，右爪高举一鞭，下骑飞龙。其他三面亦边缘阴刻直线，中心阴刻兽纹，雕工精细，阴刻处涂红。

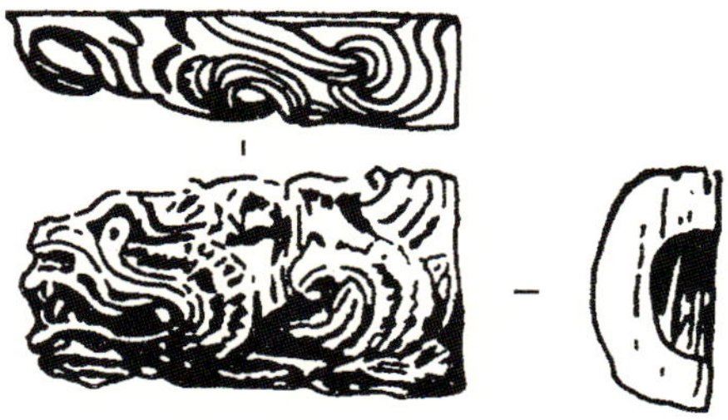

虬角龙雕

Ivory carving with dragon design

长3.5　宽1.9厘米　厚0.8厘米
出土于一号墓后室北侧内椁底板上

用虬角端头雕出龙头，背面前端平直，后端为半圆凹槽，整个器形断面呈半弧形。雕工非常精巧生动。

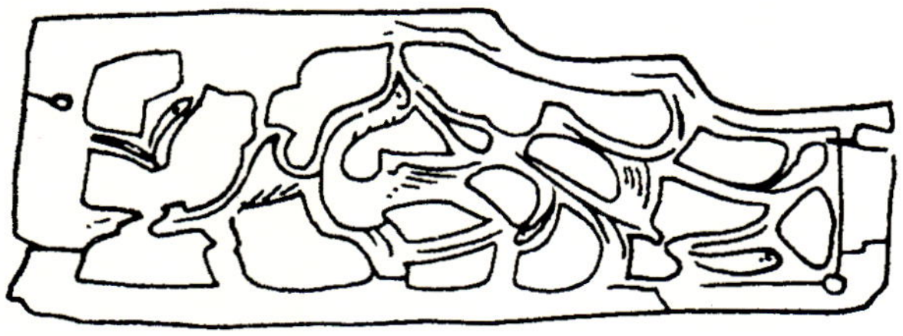

镂孔凤纹骨雕

Openwork bone carving with phoenix design

长7.6厘米　宽2.7厘米　厚0.08厘米
出土于一号墓西侧内回廊中

长方形，镂雕凤纹，凤尾高卷，表面涂一层薄漆，黑漆绘凤的目及羽毛等，线条简练，雕工精细。上面两角和下面左角，均有一孔，直径仅0.1厘米。背面未涂漆，似为嵌件。

镂孔龙纹骨雕

Openwork bone carving with dragon design

长3.2厘米　宽2.5厘米　厚0.09厘米
出土于一号墓西侧内回廊中

残缺。长方形，四边有框，中镂雕飞舞云龙，雕工精细。表面涂薄漆一层，背面残留木痕，为嵌件。

彩绘骨棒

Colour painted bone bar

长11.7厘米　直径0.7厘米
出土于一号墓后室北侧内椁板上

长条圆柱形，通体绘五组三角和直线纹。其中三组朱绘三角和白色线纹，另两组三角和线纹均为白色。

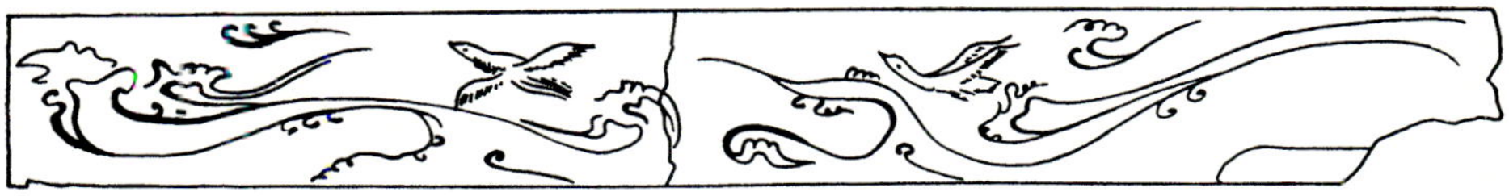

玳瑁饰件

Hawksbill ornament

长11.6厘米　宽1.4厘米
出土于一号墓内回廊中

为长条扁片。墨绘两只在云端飞翔的小鸟，一只翻身朝上飞翔。墨绘精巧别致。

六博棋子

Liubo (six sticks) game pieces

长2.93—3.12厘米　宽1.55—1.68厘米　高1.25—1.34厘米
出土于一号墓前室南段和东面内回廊中

共出土8件。个别残损，大部分完好。象牙质，六面长方形，边缘阴刻直线为框，框内阴刻龙，虎、凤图案。雕工精巧，形象生动。六博是汉代流行的博戏类游戏。

漆木器

云龙纹漆器

Lacquerware with cloud and dragon design

残长92厘米　前宽17厘米　体宽8.2厘米　厚2.5厘米
出土于一号墓西面内回廊

楠木胎，体做扁平长条形。底平，上面微内凹呈半弧形。正面体心施红漆，两边施黑漆。体心墨绘云气纹，云气纹中用墨、黄两色绘一条屈体飞龙。它的前方亦用黑、黄两色绘一匹奔跑之天马。体边用朱、黄两色绘三角纹、菱纹和涡纹，前端施黑漆，其上体心用朱、黄两色绘云气纹，云气纹中有一用朱、黄两色绘的展翅飞翔的丹凤和用黄色绘的奔鹿。三边用朱、黄两色绘两组平行双线纹、三角纹、涡纹等，背面体施黑漆，上用朱、黄两色绘云气纹，云气纹中亦用朱、黄两色绘一似天马之兽，体边用朱色各绘两道直线纹、两侧面髹黑漆，上绘双线纹和云气纹，云气纹中用朱、黄两色绘飞翔的天鹅。整个器物的漆色均匀艳丽，各种动物花纹，绘画得生动细致，构图严谨，画工精巧细致。体侧嵌鎏金铜帽，每个铜帽之间相距约8–9厘米，是一件不可多得的汉代艺术精品。

“黄熊桅袇（神）”漆床

Lacquer bed with "Huang Xiong" and "Wei Shen" (probably) characters

长300厘米　宽220厘米

出土于一号墓前室北端外椁门前东侧

已残损，床面施黑漆，周边饰朱色双线纹，其上朱漆隶书“黄熊桅袇（神）”四字。

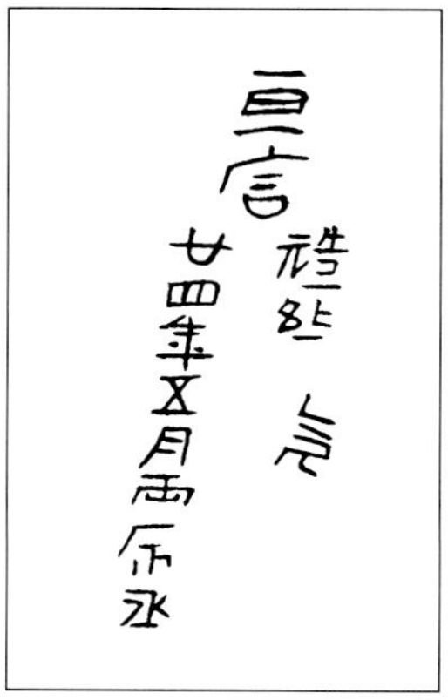

漆盒残底

Remaining bottom of a lacquer box

直径11厘米　厚0.15厘米

出土于一号墓北侧内回廊中

夹纻胎，圆形，髹朱漆。中间竖行针刻汉隶“宜官廿四年五月丙辰丞告……”。

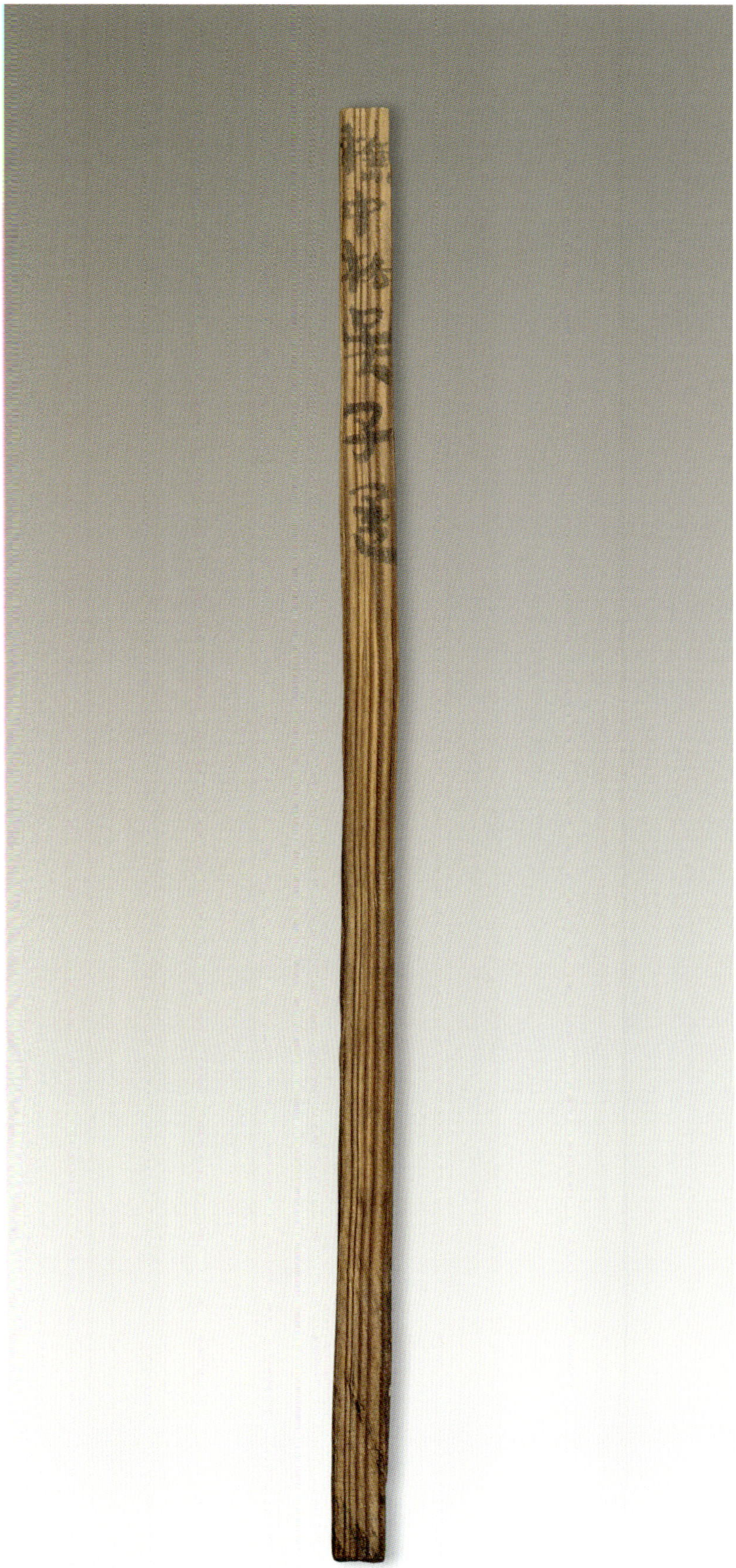

竹简

Bamboo slip with inscription

简长20.5厘米　宽0.7厘米　厚0.1厘米
出土于一号墓西侧“黄肠题凑”内

简一面有字。墨书“樵中格吴子孟”六个字。

铜枘

Bronze tuning knob

高2厘米　顶径3.5厘米
出土于一号墓

形作方柱圆帽状，柱外缠有数道丝线，方銎，銎内留有方形木柱，柱长2.5厘米。顶端制作精巧细致，通体错金银，顶端嵌红玛瑙珠和绿松石（松石已风化成粉末状）。应为琴瑟的弦钮。

柿蒂形饰

Persimmon pedical-shaped bronze ornaments

宽3.1厘米　厚0.01厘米
出土于一号墓

鎏金，为漆盒或漆奁盖上的饰件。有的柿蒂形饰铜饰片的方孔上，还留有铜环。

漆器铜钮饰

Bronze knobs of lacquerware

高3.4–3.8厘米
出土于二号墓前室正中的花斑石案上

一为扁平雀形，雀冠卷翘。一为鸟形，尾卷高翘。器底都有一圆孔，孔内尚存朽木，应为漆器上的钮饰。

铜案足

Bronze table legs

长17厘米　宽3.6厘米
出土于一号墓前室、后室和西面内回廊中

为漆案之足。大部分完整。鎏金。蹄形足，中空，上部有扁圆銎，有的銎内还留有朽木。

铜包角

Bronze table corner cover

长13厘米　宽1.5厘米
出土于一号墓前室

部分已残。鎏金，形如直角形，为漆案包角。

漆器铜耳扣

Bronze wing covers of winged lacquer cup

长7–10厘米　宽1.1–1.5厘米
出土于前室和北面内回廊中

新月形、鎏金，为漆耳杯附件。漆耳杯杯身为复制品。

虎头器柄

Handle with tiger head design

长8厘米
出土于一号墓内外椁门之间东侧

已残。木胎。先雕成虎头，再髹黑漆，颈部以下残缺，似为器柄。

圆形玛瑙饰件

Round agate ornaments

直径1–2.4厘米　厚0.5–0.8厘米
出土于一号墓前室、后室和内回廊中

圆形，上面呈弧形，下面平直，有红、白两色。与漆器上嵌的玛瑙珠相同，应为漆器上的饰件。

木手杖

Wooden stick

长86厘米
出土于一号墓中棺盖板上

已被外棺压扁。为天然木略经加工而成，上涂一层薄漆。

纺织品

绛紫绢地刺绣

Embroidery on dark reddish purple silk

一块残片长61.5厘米　宽35.5厘米
另一块长80厘米　宽40厘米
出土于外棺棺底内面南端

绢地刺绣残片为中棺底板所压，被紧紧地夹封在有完好漆膜的两层棺底板之间，从而得以完整保存下来，推测为棺衣的某一部分。绢上附有数段压扁了的绳索，绳外还套着绢条缝制的套子。绣绢地密度为每平方厘米46×28根，绢厚0.18毫米，织造得很结实。绛紫色，色调沉重、艳丽，应该由战国以来名贵一时的“齐紫”传统染法染成。刺绣的花纹是典型的汉代式藤本植物图案。花纹颜色已褪，从分针设色来看，有六个颜色。绣工精致，全部采用锁法绣成。

漆纚纱冠

Lacquered silk hat

出土于一号墓内棺北端

漆纱冠残片出土若干片，分粗细两种，一种每平方厘米20×20目，厚0.16毫米，另一种每平方厘米18×18目，厚0.11毫米。外观呈棕黑色，涂施的漆膜富有光泽。初见之下，仿佛是角质薄板精工打孔做的，又很像是平纹织物制成。根据显微镜切片观察，漆膜中包埋的织物经纬，为纂组结构。这种织物两汉时称之为“漆纚”，以后有称作“漆纱”，是制冠的高级材料。

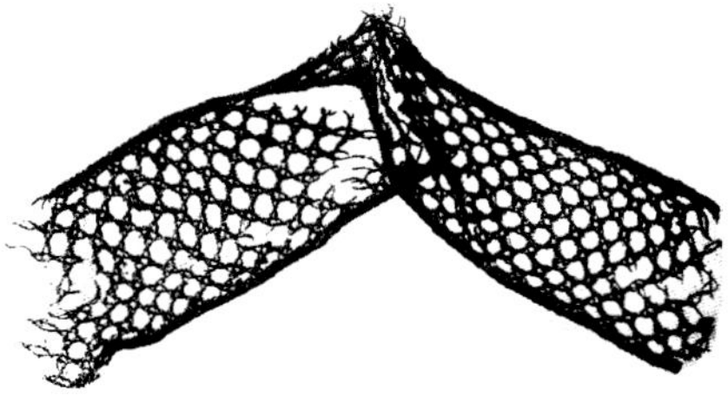

纱冠组带

Silk hat band

带宽约1.2厘米，残长5厘米。
出土于一号墓内棺北端

仅一小段保存较好，外观铁锈色。通体编作斜格，格眼为正八边形，孔径约1.3-1.5厘米。单头的丝线为反手（Z）捻的合股线，直径0.15毫米左右。其组织结构十分清晰，为一般纂组的复合形式。出土时组带和漆纱冠残片相毗连，说明应是冠上的附属物——组缨，即冠的带子。它的发现为组的定名和识别，提供了肯定的证据。

车马饰件

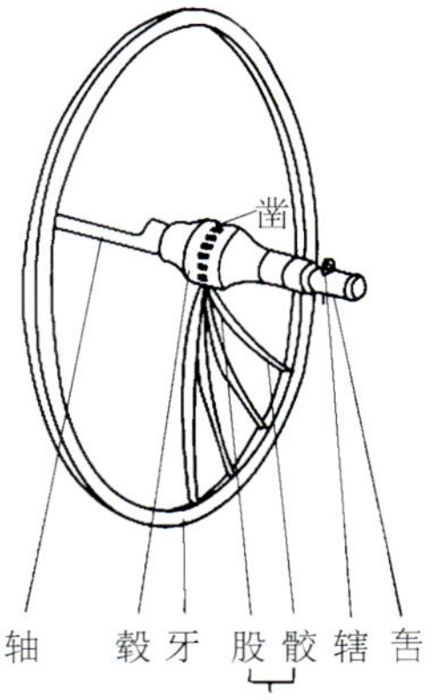

铜车軎

Bronze chariot axle cap

标本长5.5–6.6厘米　厚0.4厘米
4件出土于一号墓
2件出土于二号墓

车軎是用来罩住车轴，将车轮固定在车轴上的部件，軎身中空，呈筒状，两端相通。中腰有凸棱。軎头设有弯状铜板。

圭形铜当卢

Bronze *Dang Lu* (bridle ornament)

长27.7厘米
出土于一号墓

铜质，圭形，素面。背面有半环形钮。

错金银马头铜当卢

Bronze *Dang Lu* (bridle ornament) inlaid with gold and silver

长26.8厘米

出土于一号墓东侧外回廊南部

铜质。轮廓如正视的马头形，背面有两对半环钮，正面鎏金，并错金银丝，组成凤鸟纹样。

铜衔

Bronze bit

全长22.4–28.5厘米
出土于二号墓墓道

衔由两节组成，每节的两端呈环形，以环相互连咬。

铜衔

Bronze bit

总长22.4厘米
出土于一号墓墓道

衔由三节连接，每节的两端成环形，接头处相互环连，中间一节较短。

铜泡、银泡

Bronze bubble-shaped horse tack appliances, Silver bubble-shaped horse tack appliances

标本长2.5–2.7厘米　宽1.7厘米
出土于一号墓墓道和二号墓墓道

两墓共出土48件。其中一号墓出土21件，有铜质和银质；二号墓出土27件，为铜质。形制相同。均呈椭圆形，背面有双横梁。

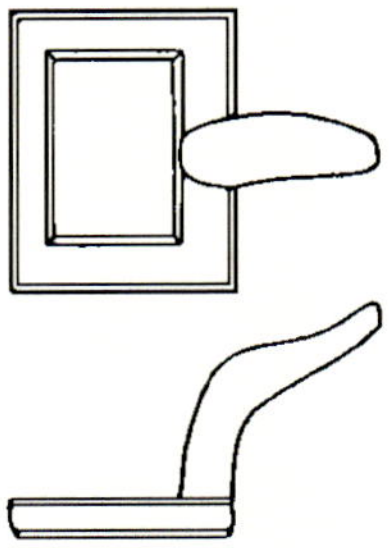

方形铜扣别

Square bronze buckle

标本长3.8厘米　宽3厘米
出土于一号墓墓道

长方形，一侧有翘起的固定别针。

日字形铜扣别

Chinese character “Ri(日)” shaped bronze buckles

长2.5厘米　宽2厘米
出土于一号墓墓道

鎏金。形制小巧，中间横梁上穿套一个活动的别钉。

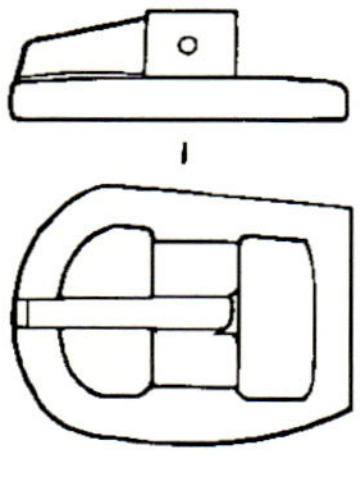

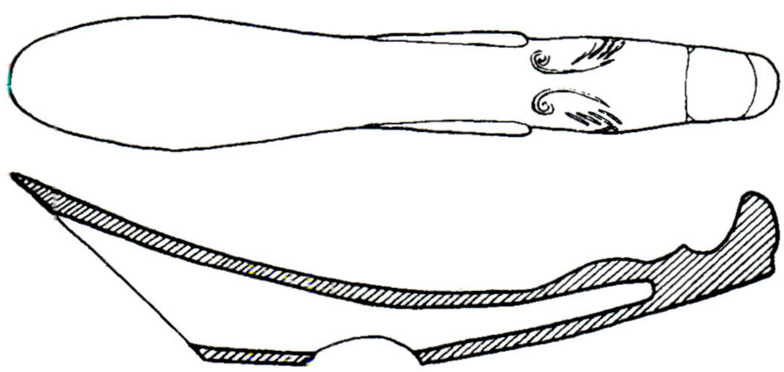

银龙头饰管饰

Silver chariot ornament in the shape of dragon head

标本长10.5厘米
出土于一号墓墓道一号车南侧

银质，中空，一端呈龙头形状。共出土2件，性质相同。出土时与银管在一起。

兽头车饰

Bronze chariot ornament in the shape of animal head

长9厘米　宽5.5厘米

出土于二号墓墓道

铜质。长方形，表面铸出凸起的兽头形，背面凹形，上端有一长方薄插销片。

铜盖弓帽

Bronze canopy rib caps

两墓共出土113件，铜质鎏金。其中一号墓出土44件，二号墓出土69件。为伞弓尖端的插盖器物，同时用于固定伞面。

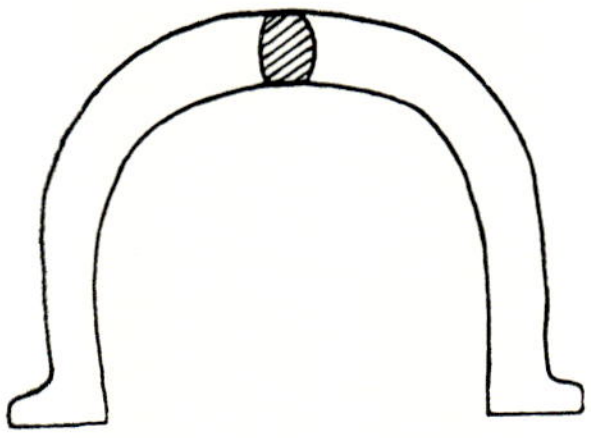

车衩

Bronze rein binder

6.5厘米　两脚宽9厘米　厚1.1厘米

两墓均有出土

该形制车衩两墓共出土25件，铜质，其中一号墓出土14件，二号墓出土11件。呈半环形。车辕前端固定着一根横木叫衡。衡上固定着几个金属环，称“衩”，用以贯串马辔。

车衩

Bronze rein binder

长7.90厘米　宽5.80厘米

出土于一号墓一号车车辕上

该形制车衩仅一号墓出1件，铜质，体身横断面呈菱形。

铜节约

Bronze bridle knot binders

直径多为2.4厘米　仅1件为1.6厘米
出土于一号墓墓道和二号墓墓道

两墓共出土24件，其中二号墓出土6件。
铜质。圆形，背面大部分为双环鼻子，1件为单环鼻，2件为小孔鼻。正面鎏金。有的正面扁平，有的凸鼓。凸圆面丝节约上，有镶嵌的玉石片，少数错金银丝花纹和狗熊的正面像

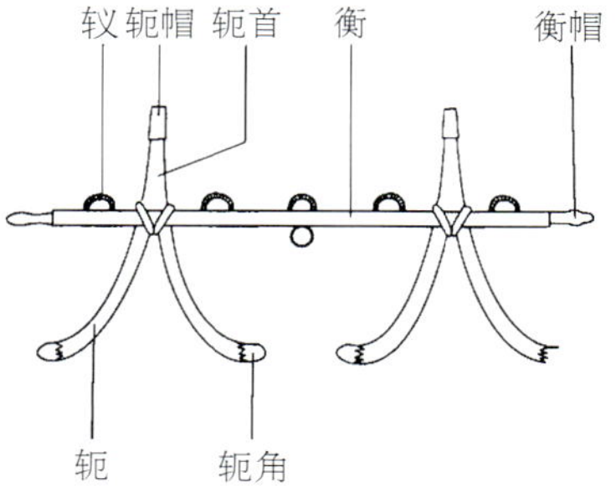

铜轭角饰

Bronze yoke ornament

出土于二号墓墓道

共出土2件。铜质兽头形，后尾分两叉下曲，头顶上有一小环。衡上在两轪间缚有一个“人”字形木构件，挽车时夹在马颈上，叫“轭”。轭角饰中空，可套在木轭的曲卷角上。

其他

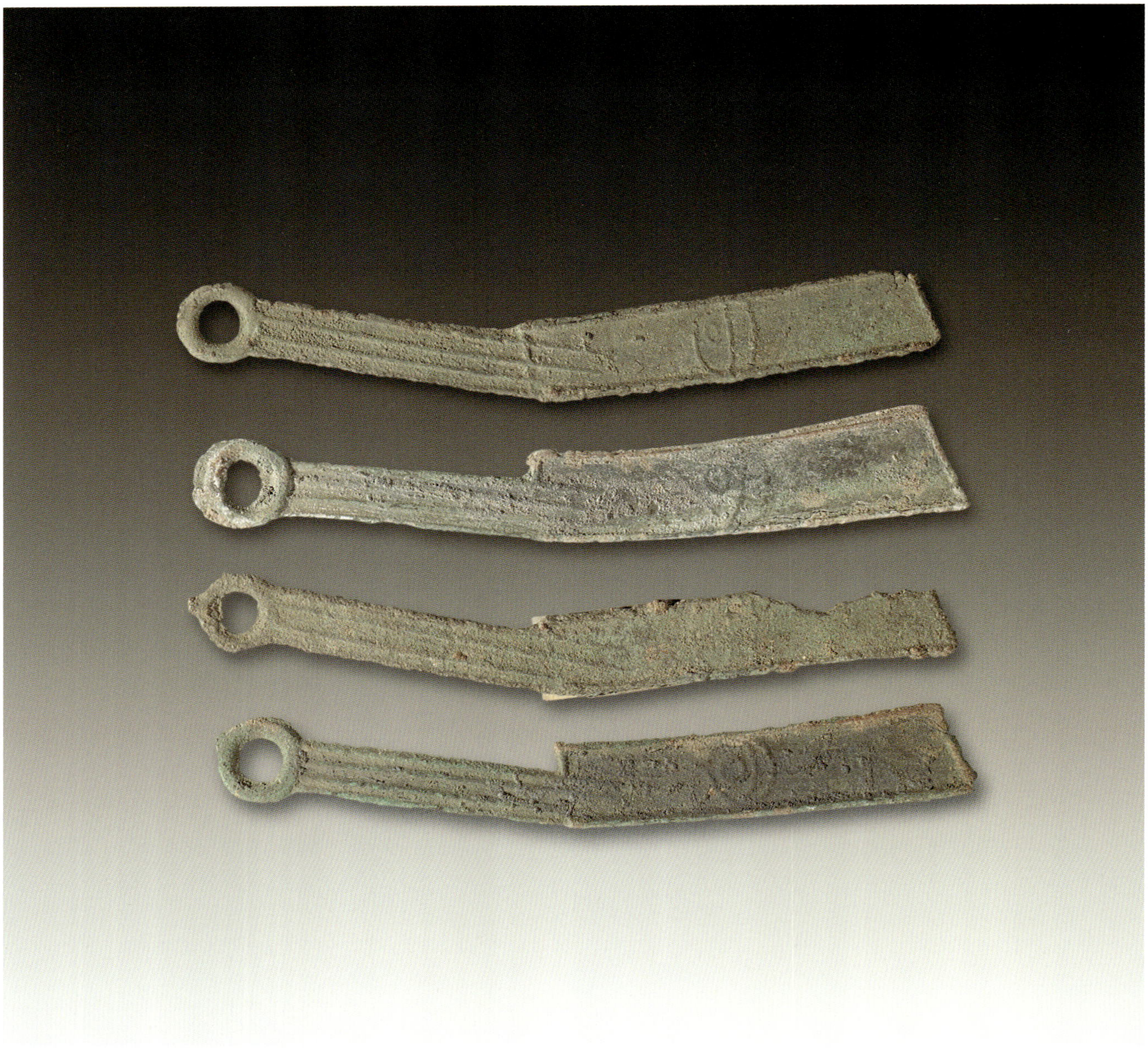

燕明刀

Yan Ming knife-shaped coins

长13.5厘米
出土于封土中

铜质。背圆弧，环首，正面铸有“明”字，背面铸有“左一”。战国时期，燕、齐两国使用的刀形钱币，形制来源于工具刀。为战国遗物。燕国的主要刀币是“明刀”。

五铢钱

Wu Zhu coins

直径约2.5厘米　穿宽0.9－1厘米。
一号墓出土300余枚
二号墓出土约60公斤

两墓出土五铢钱形制相同。部分残碎锈结。直书五铢。不少因被火烧或者锈蚀严重，字迹三不清晰。二号墓有些铜钱出土时用麻线穿在一起。

大观通宝

Da Guan Tong Bao coin

外直径4.17厘米　内直径1.08厘米
出土于金代遗址

圆形方孔，面书北宋徽宗大观年号（1107−1110年），取《易》“大观在上”之意，钱文徽宗亲书瘦金体。

泰和重宝

Tai He Zhong Bao coin

外径4.5厘米　钱孔宽1.16厘米
出土于金代遗址

圆形方孔，铜制，金章宗泰和四年(1204年）铸，钱文篆书，制作精美。

大定通宝

Da Ding Tong Bao coins

直径约2.3厘米

出土于金代建筑遗址

圆形方孔，金世宗大定十八年（1178年)铸造。钱文仿瘦金体书。

“大公墓”陀罗尼经幢

Stone dharani pillar with "Da Gong's tomb" inscription

通高62厘米　宽50厘米

出土于金代建筑遗址

横截面为八边形柱体，八面均刻有碑文。篆文书“大金故承信校尉守玉田县醋务总监大公墓碑。

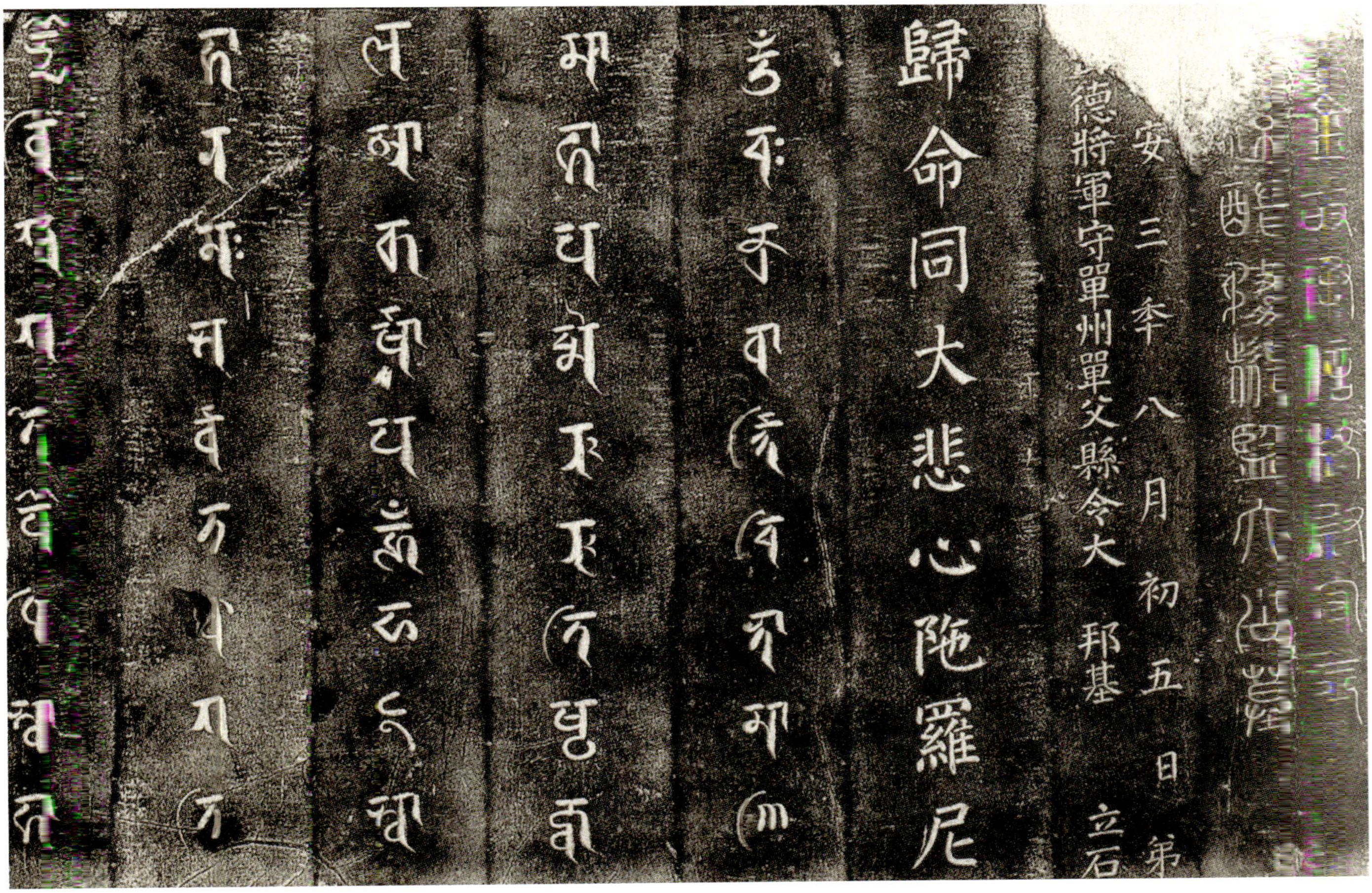
安三季八月初五日弟
德將軍守單州單父縣令大
邦基
立石
歸命同大悲心陁羅尼

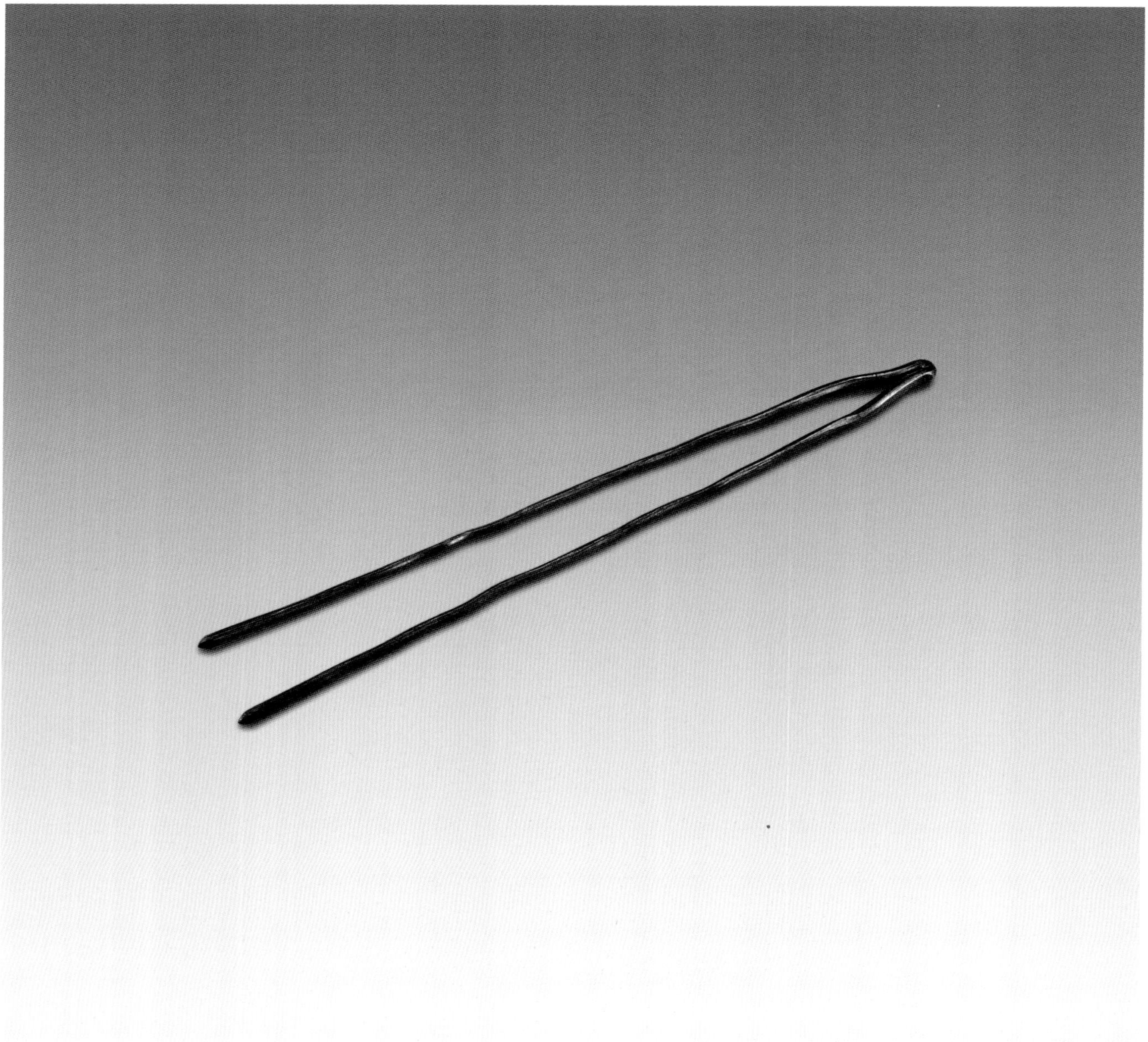

银发钗

Silver hairpin

长16厘米
出土于金代遗址

双股叉形，下端尖细，上端圆粗。

菩萨头像

Bodhisattva head

高17厘米　宽12.6厘米
出土于金代建筑遗址

陶质、佛面，面部饱满、规正。高[illegible]。

石观音坐像

Stone seated Guanyin

通高60厘米　底座高20厘米　座像高40厘米

底座周长236厘米

出土于金代建筑遗址

通体汉白玉，周身花纹雕刻精美，缺头，断一只手臂，观音体盘坐在莲花宝座之上。

砖象棋盘

Brick Chinese chessboard

长40厘米　残宽35厘米　厚6厘米

出土于金代水井遗址

在细沟纹砖的背面，雕刻出象棋盘，棋盘一侧已残缺。

兽面纹瓦当（乳丁纹）

Roof tile-end with animal mask design (nipple pattern)

直径14.2厘米　边宽22厘米　厚18厘米　兽面高出周边2厘米
出土于金代建筑遗址

兽面作深目高额和高颧骨状，口衔半环。兽面外侧是一圈乳钉纹，兽面造型较简单，眼、鼻较小，张嘴呲牙，眼和牙均作成乳钉状。

兽面纹瓦当

Roof tile-end with animal mask design

直径13.7厘米

出土于金代建筑遗址

深灰色，兽面的鼻、眼较小，眉、口较大。口中自上唇向两侧各斜出三枚獠牙，下颌胡须向两侧卷曲，额头上印有“王”字，兽面外侧是一圈凸弦纹。上半部分缺失，器物外沿钻有一孔。

兽面纹瓦当

Roof tile-end with animal mask design

直径14厘米　边宽2厘米　厚1.5厘米

出土于金代建筑遗址

模制，兽面的鼻、眼较小，眉、口特大，口中自上唇向两侧各钭出獠牙3枚，下颌胡须向两侧卷曲，额头上印有“王”字，兽面形象生动，兽面外侧是一圈凸弦纹。器物外沿有缺失。

龙纹板瓦

Pan tile with dragon design

残长30厘米　厚2–3厘米
出土于金代遗址

光面，布纹里。唇面残高8厘米，唇凸出板瓦下皮4.5厘米。瓦头印单龙戏珠。

重唇板瓦

Dual-lip pan tile

长37厘米　厚2.5厘米

出土于金代遗址

光面，布纹里，火候高，瓦后面略有一个小斜坡，唇面通高5.5厘米，唇凸出板瓦下皮3厘米。瓦头印绳纹、凸弦纹和锯齿纹。

重唇板瓦

Dual-lip pan tile

长20厘米　厚2厘米
出土于金代遗址

光面，布纹里，瓦后面有一个斜坡。唇面通高3.5厘米、唇凸出板瓦下皮1.5厘米。瓦头印绳纹和凸弦纹。

夹砂绳纹红陶饼

Red sand-mixed pottery cake with cord design

直径4厘米
出土于封土中

夹砂红陶质。扁圆形，面上有细绳纹。

夹砂弦纹红陶饼

Red sand-mixed pottery cake with bowstring design

直径8.4厘米
出土于封土中

夹砂红陶质。圆形，面上有弦纹。

夹砂陶纺轮

Sand-mixed pottery spinning wheels

直径4厘米　厚1厘米
出土于封土中

质地包括夹砂红陶、夹砂灰陶、夹砂黑陶；扁圆形，部分面上有细绳纹，有的面上素面，中有一圆孔。

泥质陶纺轮

Pottery spinning wheels

直径3.3厘米　厚1.5厘米
出土于封土中

泥质，分为灰陶和红陶两种。鼓形，素面无纹，中间有一圆孔。

小米

Chinese millet

发现于一号墓北面外回廊的大陶瓮里。已仅剩空壳。

栗子

Chinese chestnut

发现于一号墓内棺南端和西面内回廊中，已仅剩空壳。

豹骨

Leopard bones

发现于一号墓东侧外回廊北端。

白颈鸦骨

Collared crow bones

出土于一号墓，有胫骨和尺骨。

蚌镰

Clam sickles

长约8厘米　宽约4厘米　厚约0.5厘米
出土于封土中

发现了2件，均钻单孔，为双面钻，刃尚锋。